회계학 **리스타트** ❷

회계학
리스타트 ❷

초판 1쇄 발행 | 2010년 1월 15일
초판 3쇄 발행 | 2019년 8월 1일

지은이 | 유관희

주소 | 경기도 파주시 회동길 354
전화 | 031-839-6804(마케팅), 031-839-6812(편집)
팩스 | 031-839-6828

발행처 | (사)한국물가정보
등록 | 1980년 3월 29일
이메일 | booksonwed@gmail.com
홈페이지 | www.daybybook.com

회계학 **리스**타트 ❷

• 유관희 지음 •

비즈니스맵

● 지은이의 말

　얼마 전 한 중학생으로부터 메일을 받았다. 연초에 나왔던 『회계학 리스타트』를 읽고 자신의 진로를 정했다고, 고마움을 전한 단 몇 줄의 글이었지만 한동안 마음이 간질거렸다. 어찌되었든 '회계학을 세상에서 가장 알기 쉽고 재미있게 가르치는 선생이 되자' 라는 목표를 설정하고 이를 위해 정진해온 나의 길이 헛되지 않았다는 생각이 들었다. 그로 인해 다시 한 번 용기와 도전의식을 갖고 실행한 결과가 바로 이 책 『회계학 리스타트 2』이다.

　여전히 '회계가 어렵다' 고 외치는 이들이 많지만, 다시 생각해 보면 우리 생활에는 회계와 관련된 것들이 생각보다 많다. 한 예를 들자면 음악회나 뮤지컬 같은 공연만 해도 그렇다. 나는 자주는 아니더라도 좋은 공연은 놓치지 않고 관람하는 편이다. 공연을 즐기지만, 한 가지 발목을 잡는 것이 만만치 않은 티켓가격이다. 유명한 공연일수록 입장료는 더 비싸다. 그런데 막상 공연장에 가면 좋은 공연임에도 불구하고 (아마도 그 티켓가격 때문에) 30~40퍼센트의 좌석이 빈 채로 진행되는 것을 볼 때 안타까움을 금할 수가 없다. 물론 치르는 비용이 만만치 않으니 공연을 즐기지 못하는 이들이 있는 건 이해하지만, 공연을 주관한 기획사가 관리회계에 대한 공부를 좀더 했더라면 이런 허무하고 안타까운 일은 벌어지지 않을 텐데 하는 직업의식이 발동한다.

공연기획사의 입장에서 보자면, 공연과 관련된 거의 모든 비용은 고정비이며, 다시 돌이킬 수 없는 매몰비용이다. 즉 공연자에게 지불하는 개런티, 대관비용, 홍보비 등은 입장할 관객의 수와 관계없이 지불되었거나 지불될 금액이며, 이 공연이 끝나면 그대로 날아가버리는 비용들이다. 반면 객석에 관객 하나가 더 들어온다고 할 때 드는 추가비용(변동비)은 거의 없을 정도로 미미하다. 얼마를 받고 객석 하나를 채우든 그 돈은 (공헌)이익이다. 출발에 가까워진 항공기의 운임이 대폭 할인되어 나오는 것과 같은 이치다. 그렇다면 기획사 입장에서는 무슨 수를 쓰든 객석점유율을 높여 공연에 투입된 비용을 최대한 회수하는 것이 훨씬 유리한 경영판단이다.

그런데 왜 기획사들은 이런 노력 또는 시도를 하지 않을까? 혹시 '평균원가' 개념에 발목이 잡힌 것은 아닌가 하는 의구심이 든다. 공연에 투입된 비용을 좌석수로 나눠 임의적으로 생각하는 자신들의 '원가'로 팔아야 본전이 된다는 것처럼 잘못된 계산을 하고 있는 것 같다. 공연은 재고가 불가능한 상품이라는 것을 간과하고 말이다.

　공연에 관한 얘기가 길어졌지만, 우리 주변에는 이렇게 잘못된 경영의사결정을 내리는 경우가 허다하다. 분명히 이익을 낼 수 있는 제안을 거절한다든지, 구조조정을 하면 오히려 회사에 해가 되는데도 불구하고 구조조정을 감행한다든지, 원가계산을 잘못해 손해를 끼치고 있는 상품이 효자 노릇을 하고 있다고 착각한다든지, 진작 퇴출시켰어야 했을 제품이나 점포를 아직도 끼고 있다든지 하는 안타까운 일들이 버젓이 행해지고 있다.

　이 책 역시 전편인 『회계학 리스타트』와 같이 우리 주변의 이야기를 다룬다. 기업환경에서 벌어지는 이런 잘못된 경영의사결정을 바로잡아보고자 우리가 흔히 주변에서 볼 수 있는 상황들을 에피소드로 구성해 독자들이 좀더 쉽게 이해할 수 있도록 관리회계의 개념과 의사결정방법을 설명했다. 그리고 좀더 상세한 이해가 필요한 이론적인 내용들은 그때그때 주석을 달아 이야기 전개와 함께 익힐 수 있도록 정리했다. 다만 관리회계가 기업 내부의 의사결정을 다루는 것인 만큼 경영에 대한 전반적인 지식들을 회계와 연결하여 담고 있다.

　경영상의 여러 가지 당면과제를 앞둔 노회한 기업가와의 대화를 통해 관리회계의 기본을 닦고, '원가'라고 외칠 줄만 알았지 진정한 의미를 알지 못했던 출판사 직원들과의 대화를 통해 기업의 구성원들이 알아야 할 원가시스템을 다뤘다. 또한 인터넷쇼핑몰과 커피전문점의 경영상태를 살펴보며 변화하는 기업환경에 필요한 관리회계의 기본기는 물론 기업의 성패를 가르는 성과평가에 이르기까지 경영관리의 전반적인 내용을 담았다. 이 책의 등장인물 역시 회계멘토를 만나 회계의 필요성을 깨닫고, 자신들이 처한 문제들에 대해 회계원리를 대입해 응용하고 해결해나가는 구조를 취하고 있다.

쉽고 재미있게 쓴다고 노력했지만, 그래도 세상에 내놓기에는 마음이 놓이지 않아 저자가 가르치고 있는 MBA과정의 학생들에게도 이 책에 담긴 내용들을 읽혀 미흡한 부분을 수회에 걸쳐 수정·보완했다. 부디 이 책이 우리 기업들의 관리회계 수준을 한 단계 높이는 데 조금이라도 보탬이 되고, 이 책을 통해 회계가 어렵다는 오해, 회계는 자신과 전혀 무관하다는 무지에서 벗어나 생활인으로서, 직장인으로서 곳곳에서 회계의 활용 지평을 확장해가기를 기대한다.

2010년 12월, 안암동 연구실에서
유관희

지은이의 말 _ 4

유교수, 새로운 회계등정에 나서다

교수, 북한산에 오르다! 13
교수, 달콤한 친구를 만나다! 18
교수, 변화의 길목에서 나침반을 꺼내다! 25
교수, 보이지 않는 가치를 찾다! 35
교수, 선택과 집중을 말하다! 45
교수, 경영의 청사진을 그리다! 58

유교수, 쫀쫀한 원가시스템을 그리다

교수, 낙엽 지는 가을에 서다! 67
교수, 우왕좌왕 출판사를 방문하다! 71
교수, 원가의 다양한 얼굴을 보여주다! 82
교수, 손익계산의 필살기를 구사하다! 106
교수, 원가관리의 길을 제시하다! 130

 ## 유교수, 대박 인터넷쇼핑몰을 서포트하다

교수, 선상 레스토랑에 가다! 145
교수, 비용과 이익을 프로듀스하다! 150
교수, 새 판을 짜도록 제안하다! 158
교수, 이기는 습관의 씨를 뿌리다! 164
교수, 유람선 데이트를 즐기다! 172
교수, 허방다리 피하는 법을 가르치다! 179

 ## 유교수, 향긋한 회계서비스에 나서다

교수, 갓 볶은 커피향에 심취하다! 197
교수, 치고 빠지는 법을 이야기하다! 203
교수, 젊은 점장의 '빽'을 자처하다! 213
교수, 낭비를 날리고 성과를 낚아채다! 220
교수, 수익분석의 신대륙을 발견하다! 231

 ## 유교수, 막강 경영관리를 말하다

교수, VIP로 초빙받다! 247
교수, 권한과 책임의 핵심을 찌르다! 254
교수, 성과평가의 주춧돌을 세우다! 270
교수, 투자중심점에서 EVA를 외치다! 280
교수, 경영관리의 퍼펙트골드를 쏘다! 291

1

유교수,
새로운 회계등정에 나서다

등산길에 나선 유교수가 정상에서 오랜 친구 단건만 사장을 만난다. 단사장은 제과회사 〈스위트드림〉을 경영하는 기업가. 두 친구의 대화 속에서 관리회계의 개념과 경영상의 여러 가지 당면과제에 대한 내용을 점검함으로써 '관리회계란 과연 무엇이며, 어떻게 활용할 수 있는가'에 대한 기본기를 익힐 수 있다.

이 장에서 주목할 키워드

- 관리회계의 정의
- 원가회계
- 벤치마킹전략
- 인적자원관리
- 전문화
- 학습효과
- 품질경영
- 혁신
- 리드타임 단축
- 한계사업 정리

교수,
북한산에 오르다

찌는 듯한 무더위가 연일 계속되는 8월 중순이지만 아직 산중의 서늘한 공기는 채 덥혀지지 않아 상쾌한 이른 아침, 등산지팡이(pikel)를 쥔 노인 한 명이 성성한 백발에 비해 날랜 걸음으로 북한산 중턱을 오르고 있다.

'정상까지 꽤 남았는데 벌써부터 숨이 차오르는군. 그래도 첫 산행에 비하면 큰 발전이야. 역시 집사람 말을 들어서 손해 볼 건 없지. 한여름인데도 예전처럼 비 오듯 땀을 흘리진 않으니 말이야. 얼마 전 정기검진 때 이박사가 해준 말처럼 꾸준한 관리를 통해 체력증강은 물론 체질개선까지 이뤄진 게 틀림없어.'

회심의 미소를 지으며 성큼성큼 발을 옮기는 그는 바로 유교수였다.

유교수는 30여 년간 K대학에서 회계학을 가르치다가 몇 년 전 정년을 맞이했다. 지금은 경영학회 고문 및 정부 부처 경제자문,

그리고 K대학 경영대학원의 명예교수로 일주일에 한 번 정도 출강하고 있다. 뿐만 아니라 회계라면 무작정 어렵게만 생각하는 회계맹(盲)들을 개인교습하는 새로운 취미도 생겼다. 마냥 한가롭지만은 않은 인생 제2막. 교수는 자신의 여생에서 회계에 대한 연구와 도전은 결코 끝나지 않을 것이라고 생각한다.

시원하게 흐르는 계곡물로 눈을 정화하고 손수건을 빨아 땀도 닦으며 걸음을 재촉하다 보니, 어느새 정상인 백운대(白雲臺)까지 한 시간 거리도 남지 않았다. 빠른 호흡과 별개로 마음은 점점 느긋해졌다.

유교수는 가회동 집에서 가장 가깝게 오를 수 있는 산으로 서울 시내에서 가장 큰 북한산을 선택해 지난 수개월간 일주일에 서너 번씩 산에 올랐다. 처음엔 아내 금여사의 강요와 건강에 대한 위기의식으로 시작했는데, 요즘 들어서는 교수 스스로도 진심으로 산을 즐기게 되었다.

'북한산만 해도 등반코스는 수백 가닥으로 잡을 수 있지. 갈림길, 갈림길의 연속이니까 말이야. 그런 점에서 산행은 인생과도 비슷하고, 또 기업 경영과도 비슷하군 그래. 여러 선택지 가운데 하나하나 결정하면서 최종 목적지를 향해 나아간다는 점은 매한가지지. 계획(plan)을 세워 실행(do)하고, 그 결과를 평가(see)한 후 다음번 계획에 반영(feedback)하는 순환과정을 통해 효과적이고 효율적으로 관리할 수 있다는 것도 등산이나 경영이나 동일한 이치인 것 같아. 그런데 구기동등산로를 따라 올라오면 출발할 때 집에서 가까워 좋기는 하지만, 이제 너무 익숙해졌어. 다음번엔 구파발등산로에서 출발하는 것도 고려해봐야겠군.'

교수는 잠시 걸음을 멈추고 시계를 살펴보았다. 등산로 입구에서부터 여기까지 올라오는 데 2시간 20분 정도가 소요되었다.

'그러고 보면 등산을 시작한 올해 초에 비해 속도가 많이 붙었어. 처음에는 이 정도 올라오는 데 3시간 반은 족히 걸렸는데 말이야. 조금 걷다 쉬고, 얼마 더 걷다 물 한 모금 마시고, 아주 느릿느릿했지. 같은 작업을 반복하다 보면 처음보다 훨씬 잘할 수 있게 되고, 보다 빠른 시간에 실수 없이 같은 일을 해낼 수 있게 되는 학습현상이 그동안 나한테도 적용됐기 때문이겠지? TV에 나오던 만두 빚기의 달인처럼 학습과 숙련의 정도에 따른 규칙성 있는 능률향상은 모든 개인과 조직에 적용되는 이치인가 보군. 이직률이 낮은 기업의 소요작업시간이 단축되어 결과적으로 원가가 절감되는 원리와도 같아.'

유교수는 아래쪽 능선을 바라보며 숙련도에 따른 기업의 비용변화를 나타내는 학습곡선*을 떠올렸다.

고개를 들어 위를 바라보니 정상의 비석이 작게 보였다. 정상까

▼ 학습곡선

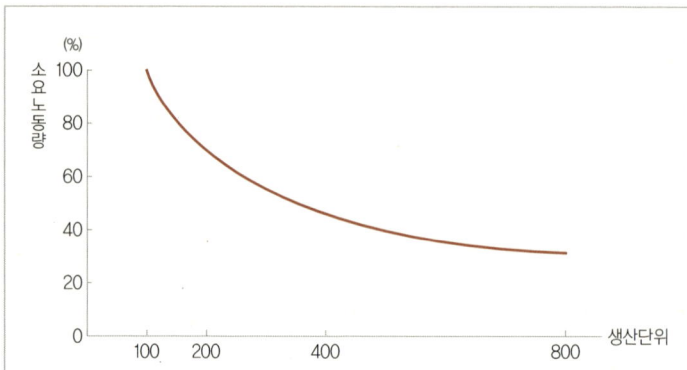

학습곡선에 따르면 누적생산량이 2배가 될 때마다 일정 비율로 원가가 줄어든다고 한다. 예를 들어 만두를 빚는 데 70퍼센트의 학습률을 보인다면 처음 만두 한 판 (100개)을 빚을 때 100의 시간이 소요된다고 할 때, 두 판째를 빚을 때는 70의 시간이, 네 판째를 빚을 때는 70의 70퍼센트인 49의 시간이, 여덟 판째를 빚을 때는 49의 70퍼센트인 35의 시간이 든다는 얘기다.

지 오르는 암벽 아래서는 대용량 아이스박스 안에 얼음을 잔뜩 채워두고 빙과류와 생수 등을 팔고 있었다. 아이스박스 옆에는 흰 종이에 색색으로 '2천 원 균일'이라고 가격이 씌어 있었다.

"어르신, 이거 하나 드시고 가세요~. 아이스크림, 하드, 쭈쭈바

● 학습곡선(learning curve)은 똑같은 작업을 반복해서 할 때 학습효과가 생겨 훨씬 더 짧은 시간 내에 더 적은 비용으로 할 수 있다는 개념으로, 기업의 경영전략을 구상하는 데 기초가 되며 '경험곡선'이라고도 한다. 제품의 단위당 실질비용은 누적경험량(누적생산량 또는 판매량)이 증가함에 따라 일정비율로 줄어든다. 누적경험량이 큰 기업은 비용이 낮은 반면 수익성은 높다. 지식경제사회가 도래하면서 종업원들의 지식습득과 학습능력, 창의력 등이 점점 부각되고 있어 최근 다시 학습곡선에 대한 관심과 중요성이 더욱 커지고 있다.

종류별로 다 있고요~. 시원한 얼음물에 냉커피까지 있습니다~."

중년의 남자가 콧노래를 부르며 장사의 흥을 돋웠다.

'아, 저걸 한 입 먹으면 이 더위와 피로가 다 가실 것 같은데.'

시원하고 달콤한 배맛 '쭈쭈바'가 교수의 구미를 당겼지만, 건강을 위해 군것질을 삼가기로 한 아내와의 약속을 떠올리며 얼른 외면하고 발걸음을 재촉했다.

'저 많은 양의 제품과 냉장시설을 가지고 이 높은 곳까지 올라오다니, 굉장한 사람이군. 들인 노력을 생각하면 산 아래 매점보다 두세 배 비싸게 파는 것도 이해가 돼. 정상에서 맛보는 아이스크림은 정말 꿀맛이지. 아이스박스와 얼음이라는 적은 비용과 운송에 따른 노동력만을 투하해 다른 업자들과 차별화를 이룬 산꼭대기 아이스크림 장수야말로 경쟁우위전략*이 무엇인지 온몸으로 말하고 있는 사람이야.'

드디어 북한산 836미터 백운대 정상. 서울 시내가 한눈에 내려다보이는 절경이다. 한낱 땅위의 미물이던 애벌레가 인고의 시간을 거쳐 젖은 날개를 펴고 날아오를 때 이런 기분일까. 교수는 가슴속까지 차오르는 신선한 공기를 만끽하며 또 한 번의 성취감을 느꼈다.

---

* 경쟁우위전략(competitive advantage)은 동일한 업계 내에서 다른 기업에 비해 우위를 차지하는 것을 목적으로 하는 전략이다. '제품차별화'와 '원가우위'가 중심이 된다.

교수,
달콤한 친구를 만나다!

유교수는 산 아래를 굽어보며 뿌듯함을 흠뻑 느끼고는 자리를 잡고 배낭을 풀었다. 보냉이 되는 물병을 꺼내 시원한 녹차를 한 잔 따르고, 금여사가 깨끗하게 씻어 담아준 오이도 하나 꺼내 반으로 부러뜨렸다. 고당분, 고지방, 고칼로리 간식만 좋아하던 유교수답지 않은 주전부리. 하지만 아작, 오이를 한 입 베어 문 교수의 입가에 소박한 만족감이 묻어난다.

'예전 같으면 캐러멜이 듬뿍 들어간 초코바나 가공소시지를 먹고 있었을 텐데. 아니, 그보다는 힘들여 산꼭대기까지 올라오지도 않았겠지. 그런데 오이도 계속 씹다 보니 단맛이 좀 나는 것 같은 걸.'

그때, 등 뒤에서 들려오는 목소리가 있었다.

"자네, 유교수 아닌가?"

돌아보니, 반가운 얼굴이 있었다.

"아니, 이게 누구야, 단사장 아닌가? 하하, 오랜만이네!"

유교수와는 초등학교 동창인 단건만 사장이 등산복 차림으로 환한 웃음을 지었다.

"가만있자, 이게 얼마만이지? 한 3~4년 전 동창회 때 얼굴 보고 이후로는 이것저것 사정이 생겨 못 나갔었네 그려. 어찌 되었든 반갑네, 반가워!"

단사장은 전통 있는 제과회사 〈스위트드림(SweetDream)〉의 오너경영인이다. 초콜릿 '오마이스위츠'는 스위트드림이 자랑하는 주력상품으로, 남녀노소 모두에게 인기가 많은 제품이었다.

"그러게나 말이야. 자네 만날 때마다 초콜릿이며 사탕이며, 이 것저것 많이도 받아 왔었는데 얼굴을 통 못 보니 어찌나 아쉽던지!"

"그래, 유교수 자네만큼 우리 오마이스위츠의 열혈 마니아도 없었지. 하루 종일 군것질을 달고 살지 않았나!"

두 사람은 온몸으로 반가움을 표현하며 그간 서로의 안부를 물었다. 교수는 단사장에게도 녹차를 한 잔 따라주며 반토막의 오이도 건네주었다.

"그런데 자네 이게 웬일인가? 달디 단 주전부리들은 다 어쩌고 어울리지 않게 오이라니?"

호기심 어린 단사장의 눈빛을 보며 유교수는 작게 한숨을 쉬었다.

"나이는 어쩔 수 없나봐. 죽는 날까지 초콜릿을 먹으며 한평생 달콤하게 살다 가려 했는데, 건강검진 결과가 그다지 좋지 않게 나와서 몸에 나쁜 음식들은 확 줄였다네. 당연히 먹고 싶지만 우리 집사람 감시가 워낙 철저해서 말이야…."

교수의 말을 듣던 단사장의 미간이 이내 찌푸려졌다.

"이봐, 자네. 그 얘긴 우리 제품을 모독하는 말이라고. 초콜릿이라고 다 건강에 나쁜 줄 아나? 검사 결과가 그렇게 나온 건 초콜릿 때문은 아니라고 내 장담하지. 분명 운동부족 같은 근본적인 생활습관 때문일걸?"

"음…, 내가 움직이기 싫어하는 건 맞지만, 그래도 초콜릿을 많이 먹으면 당뇨나 충치를 걱정해야 하는 건 사실이지 않나."

"그건 초콜릿에 대한 오해라고! 카카오에 많이 들어 있는 폴리페놀은 당뇨병이나 동맥경화, 암 같은 질병을 일으키는 활성산소를 제거해주는 효과가 있어. 또 폴리페놀에 포함돼 있는 플라보노이드는 협심증, 심근경색 같은 심혈관질환을 예방할 뿐더러 면역조절기능이 있어 감기나 알레르기를 억제해준다고. 뿐인가, 초콜릿에 들어 있는 불소는 치아를 튼튼하게 하고, 타닌 성분이 충치균의 활동을 억제한다네. 스트레스를 완화해주고 기분을 좋게 해주는 것은 물론이고 말이야."

"정말 초콜릿이 건강에 도움을 준다는 건가?"

교수의 얼굴에 놀랍고도 반가운 기색이 역력했다.

"그래. 심지어 우리 회사는 건강식품회사와도 제휴를 맺고 있어. 청국장초콜릿, 마늘초콜릿 같은 제품에도 우리 기술을 제공하고 있지."

"그것 참 신기하고 신통하군! 그럼 우리 집사람한테 꼭 말 좀 해주게. 그렇지 않아도 금단증상에 손이 떨릴 지경이었다네!"

단사장은 웃으며 자신의 배낭을 뒤적였다.

"식이요법도 좋지만 말이야, 스트레스만큼 몸을 상하게 하는 건 없다네. 자, 다시 천상의 맛을 느껴보게."

단사장의 손 안에는 유교수의 꿈에서조차 나타나던 오마이스위츠 하나가 쥐어져 있었다. 교수는 떨리는 손으로 초콜릿의 얇은 은박지 포장을 뜯으며 이 땅에 카카오나무를 열매 맺게 하신 신의 은총을 찬양했다.

혀끝에 감도는 달콤함을 음미하면서, 교수는 자신이 이 황홀한 유혹에서 결코 벗어날 수 없음을 깨달았다. 앉은 자리에서 순식간에 손바닥만한 초콜릿이 흔적도 없이 사라졌다.

'지금 내 몸은 혀가 지배한다!'

잠시 후 정신을 수습한 유교수는 뒤늦게 단사장의 근황을 물었다.

"그래 요즘 어떻게 지내나? 회사는 잘되고 있지?"

"뭐, 늘 그렇지. 특별할 게 있나…."

심드렁하게 말하는 단사장의 안색이 밝아 보이지만은 않는다. 무려 반세기 전 술래잡기, 말뚝박기 하던 어린 시절부터 단사장을 알아온 유교수는 그 그늘을 놓치지 않았다.

"우리 사이에 웬 의례적인 말인가? 자네 표정이 영 안 좋은데 뭘."

"그래? 좀 티가 나나? 사실 큰 문제가 생긴 건 아니지만 요즘 고민이 많아서 그렇다네. 기업을 경영하는 사람이라면 누구나 겪는 일들이지. 수십 년째 일구어온 회사는 안정적인 매출을 이루고 있지만, 벌써 몇 해째 성장률이 거의 제자리걸음을 하고 있어. 국제 원자재가격이 폭등을 거듭하는 통에 비용 면에서는 악화일로지. 오마이스위츠가 '국민초콜릿'이 된 지도 벌써 10년이 다 되어가는데, 그 뒤를 이을 새로운 히트상품이라고 할 만한 게 별반 없다는 것도 걱정이고. 자네도 알겠지만 우리 애들은 회사 경영에 통 관심이 없었으니, 실력 있는 전문경영인을 영입해야 할 텐데 그것도 마뜩치 않아…. 나이가 드니 왜 이리 생각이 많아지는지, 요즘은 머리를 비우려고 산에 오른다네…."

친구의 고민을 들은 유교수의 얼굴에도 걱정이 드리웠다. 처음

듣는 이야기는 물론 아니다. 경영인 모임에서 강의할 때나 개인적으로 친분이 있는 기업 오너들과 자리를 함께할 때면 늘상 테이블 위에 오르는 화두였다. 그리고 그 빈도는 최근 몇 년간 급속도로 늘어나는 추세였다. 경영환경이 날로 급변하는 가운데 불확실성 또한 증폭하다 보니, 튼튼하던 중견기업조차 전혀 예측하지 못했던 파도에 쓸려 공중분해되기 일쑤였다. 거의 모든 것이 바뀌거나 사라지거나 무너지는 시대. 평생을 기업가로 살아온 단사장 또한 그 위기감을 온몸으로 느끼고 있을 터였다.

"그래. 외부의 이해관계자들에게 재무상태의 건전성을 증명하는 것만으로 기업이 활로를 찾을 수 있었던 시절은 지나갔지. 이제 조직 내부의 운영에 보다 눈을 돌려야 하니까 말이야. 요즘 기업가라면 누구든 경영관리상의 경쟁력 강화에 사활을 걸고 있어."

교수의 이야기를 듣던 단사장의 주름이 더욱 깊어졌다.

"나 또한 마찬가지야. 예전엔 그저 좋은 제품을 만들어서 소비자들에게 사랑받으면 자연히 회사가 발전하는 것이라고 막연히 생각하는 측면이 있었어. 하지만 이제 고객의 반응, 기호, 구성 변화에도 민감하게 대응해야 하고 생산, 유통, 판매에 요구되는 스피드도 과거와 비교할 수 없이 빠르게 돌아가지. 매순간 정신 똑바로 차리고 있지 않으면 초콜릿의 명가라고 자부해온 스위트드림은 순식간에 좌초할지도 몰라."

두 사람은 한동안 침묵했다. 교수는 경영자로서 단사장의 고뇌의 깊이가 어느 정도인지 몇 마디 대화만으로도 능히 짐작할 수 있었다.

교수,
변화의 길목에서
나침반을 꺼내다!

유교수는 친구를 바라보며 부드럽게 말을 이었다.

"자네와 나의 고민은 어찌 보면 일맥상통하는군. 요즘 나는 관리회계(managerial accounting)의 개념정리와 연구에 더 몰두하고 있다네. 그동안 기업 관계자들에게 더 우선시되던 재무회계(financial accounting)의 맹점을 보완해 보다 전략적인 차원의 이슈들을 다룰 수 있기 때문이지. 외부 이해관계자들에게 보여주기 위해 재무제표를 작성하는 것만으로는 기업 내부의 경영의사결정을 활발히 도울 수 없으니까 말이야."

단사장은 의외라는 듯 교수의 말을 받았다.

"재무회계 전도사나 다름없었던 자네가 관리회계를 말하다니 조금 생소한 느낌이군 그래. 자네는 재무제표를 떠받들다 못해 딸 이름까지 기장(記帳, 장부에 적음)이라고 짓지 않았나."

"하하, 우리 딸 이름은 재주 기(伎)자에 베풀 장(張)자를 써서 기장이라네. 내가 설마 장부 적는다는 뜻으로 이름을 지었겠나."

"아무튼 말이야, 관리회계는 정통적인 의미의 회계와 동떨어져 있는 거라고 생각할 줄 알았네."

"관리회계 또한 회계의 한 분야이니 어찌 무시할 수 있겠나. 영국 작가 조나단 스위프트가 이런 말을 했지. '하나의 풀잎만 자라던 자리에서 풀잎 두 개가 자라도록 하라.' 어느 한 분야에만 집착해 다른 분야를 무시한다면 두 개의 풀잎을 틔울 수 있는 가능성을 무시하는 것이지."

유교수는 잠시 생각에 잠겼다가 말을 이었다.

"재무회계와 관리회계는 그저 방향이 다를 뿐이지 어느 쪽이 우위라고는 할 수 없어. 오히려 상호보완적인 회계의 분야지. 재무회계가 외부 이해관계자를 대상으로 한다면, 관리회계는 내부 의사결정자를 대상으로 하지. 재무회계가 정확하고 객관적이어야 한다면, 관리회계는 주관적으로 시의적절하고 목적에 적합해야 하네. 또한 재무회계가 기업회계기준에 따른 과거지향적 정보시스템이라면, 관리회계는 통제기준이 따로 없는 미래지향적 학문 분야야. 그리고 재무회계가 장부에 기록하는 것을 중시한다면, 관리회계는 현금흐름에 얼마나 영향을 미치느냐가 중요한 이슈일세. 이런 차이점들이 있지만 재무회계와 관리회계 둘 다 회계정보

▼ 재무회계와 관리회계의 차이점

구분	재무회계	관리회계
대상	외부 이해관계자	내부 의사결정자
통제기준	기업회계기준(IFRS)	없음
방향	과거지향적	미래지향적
특성	정확성, 객관성, 강제성	관련성, 융통성, 적시성, 목적적합성
관건	발생주의회계	현금흐름에 미치는 영향

시스템에 의존하고 있고, 자산을 보호한다는 개념에 기초하고 있지. 재무회계가 피라미드의 꼭대기라면, 관리회계는 그 밑을 채우는 받침돌일세. 그러니 어느 것 하나 소홀히 해선 안 되는 것 아니겠나."

"나도 같은 생각일세. 하지만 우리 회사도 그렇고, 대부분의 경우 눈에 보이는 재무회계 정보만을 우선하면서 관리회계상의 문제점들은 자꾸 뒷전으로 미뤘던 것 같아. 그런데 기업환경이 변화하고, 경쟁우위가 중요시되고, 또 인터넷 네트워크가 확산되기 시작하면서 경영관리의 문제들이 더욱 심각하게 불거지고 있어. 그래서 요즘 들어 관리회계의 중요성을 더욱 실감하고 있다네. 관리

• 발생주의회계(accrual accounting)는 거래의 인식기준을 '거래의 실질'이 발생했느냐에 두고 있는 회계를 말한다. 거래나 사건, 그리고 환경이 기업에 미치는 재무적 효과를 현금이 수취되거나 지급되는 기간에 기록하는 것이 아니라, 그 거래가 발생한 기간에 기록한다. 영업활동과 관련된 기록과 현금의 유출입과는 보통 일치하지 않는다.

회계를 알고 보다 철저히 시스템을 구축해야 회사의 장·단기 목표나 예산 같은 경영계획을 세우고 통제할 수 있을 테니까."

"음, 맞아. 가령 어느 사업부문을 정리하려고 할 때 재무회계 정보만 가지고는 틀린 결론이 나오지 않나. 공허한 서류상의 숫자에 불과할 때도 많으니 말이야. 이런 의사결정에는 수익성분석을 근거로 한 관리회계 데이터가 필요하지. 부서나 개인의 성과평가, 가격결정, 고객분석, 품질수준, 부품조달 등의 문제도 재무제표만 가지고서는 해결할 수 없어. 망치만 가지고 있는 사람에게는 모든 것이 못으로 보이는 것과 마찬가지라고 할까. 하지만 문제에 접근하는 도구가 다양하면 문제해결의 방법도 풍부해지는 법이라네. 그래서 현대의 경영은 진화한 관리회계라는 경영학의 화두이자 복음에 대해 이야기해야만 하네. 관리회계에 강한 회사는 불황을 뛰어넘을 수 있는 힘이 비축되어 있는 회사니까."

"관리회계가 정보리터러시*와 관련되어 있다는 이야기지?"

"그래. 정보는 조직을 하나로 만들고, 직원 개개인을 효율적으로 만들지. 따라서 경영자와 관리자는 어떤 정보가 필요하고, 그것

---

* 정보리터러시(information literacy)는 정보를 수집, 분류, 분석, 종합하는 능력을 일컫는다.
** 오늘날의 관리회계는 실시간경영(RTM ; Real Time Management)을 중시한다. 실시간경영은 회사의 실태를 신속하게 파악하고 그에 적확한 해결책을 실시함으로써 현금흐름이나 이익의 극대화를 실현하는 경영관리 방법이다.

을 어떻게 얻어야 하는지, 또 정보를 어떻게 체계화해야 하는지 끊임없이 고민해야 해. 기왕이면 실시간**으로 말이야. 관리회계는 데이터를 정보리터러시로 바꿔주는 데 핵심적인 역할을 한다네. '지금 회사가 어떤 정보를 필요로 하는가', 또 '지금 직원 개개인에게 필요한 정보는 무엇인가' 하는 질문에서 모든 것이 시작되지. 관리회계는 이처럼 경영상의 당면과제를 실제로 눈에 보이게 해주는 거야."

이야기가 길어지자 두 사람은 한구석에 작은 매트를 깔았다. 단사장은 자신이 챙겨온 삶은 고구마를 꺼내 유교수에게 내밀었다.

"유교수 자네는 그럼 관리회계에서 가장 주목해야 할 부분이 뭐라고 생각하나?"

고구마를 한 입 삼키고는 목이 메어하는 교수에게 단사장이 병에 든 동치미 국물을 건네주며 물었다.

"흠, 흠, 자네도 참 준비가 철저하군. 어우, 시원하다…. 음, 관리회계는 열 손가락 깨물어 안 아픈 손가락 없는 것처럼, 어느 분야든 소홀히 할 수 있는 게 아무것도 없다고 보네. 기업의 모든 부분이 하나의 유기체로 연결되어 있으니까 말이야. 개발, 생산, 판매, 관리의 경영계획은 각각이 모두 균형상태를 이루고 전사적 최적화를 실현해야 하지. 경영계획의 합리성은 관리회계로 입증

할 수 있어. 나는 요즘 특히 품질관리, 재고관리, 생산성, 혁신(innovation), 종업원관리라는 5대 과제에 주목하고 있다네. 이를 측정하는 시스템을 구축하고 기업 일선에 정착시키는 것이 꼭 필요하다고 보고 있네."

"그렇군. 예나 지금이나 우리 회사에서 가장 신경 쓰는 건 바로 품질향상 프로그램이야. 제품불량의 발생률과 빈도를 최대한 낮추기 위해 애를 쓰고 있다네. 특히 우리 회사는 사람 입으로 들어가는 제과류를 만들지 않나. 요즘처럼 인터넷이 발달한 세상에서는 먹는 제품에 문제가 발생했을 때 그야말로 발칵 뒤집어지지."

"제조업 분야에서는 품질이 생명이고말고. 품질원가*를 측정하는 것도 중요한 문제고 말이야. 품질문제의 심각성을 금전적으로 파악하고 품질 관련 의사결정의 타당성을 파악하기 위해서는 품질경영이 꼭 필요하지. 제조과정에서 불량이 발견되었더라면 1의 노력으로 해결될 수 있었던 일이 품질관리의 소홀로 인해 제품이 불량을 내포한 채로 완성돼버리면 이를 바로잡는 데는 10의 노력이 필요해지고, 잘못해서 불량품이 고객의 손에까지 들어가게 되면 부메랑으로 돌아오는 비용이 기하급수적으로 늘어나 100의 노

---

* 품질원가(quality cost)란 소비자의 품질욕구를 만족시키기 위해 투입되는 원가다. 기업의 품질 관련 활동은 불량품이 발생할 가능성 때문에 예방이나 발견을 목적으로 수행되거나, 불량품이 발생해 수행되는 활동으로 구분할 수 있다.

▼ 품질원가의 종류

통제원가	예방원가	불량품의 생산을 막기 위해 발생하는 원가 (예 : 공정관리, 품질계획, 품질교육훈련, 외주업체관리 비용)
	평가원가	불량품을 적발하기 위해 발생하는 원가 (예 : 원재료·제품의 검사 및 시험, 품질인증, 검사설비 유지 비용)
실패원가	내부실패원가	불량품이 소비자에게 인도되기 전에 발견됐을 때 발생하는 원가 (예 : 불량 발견 및 분석, 작업 중단, 폐기, 재작업, 재검사 비용)
	외부실패원가	불량품이 소비자에게 인도된 후에 발견됐을 때 발생하는 원가 (예 : 고객불만, A/S, 교환, 반품, 손해배상, 판매기회 상실 비용)

력을 투입해야 하는 경우가 생기니까."

"맞아. 우리 회사도 종종 악의적인 블랙컨슈머˙를 상대하는 일이 있다네. 우리 '초코바나나'에서 무슨 벌레가 떼로 기어 나왔다고 허위로 동영상을 찍어 블로그에 올린 네티즌을 상대할 때는 정말 분통이 터졌어! 질소충전 된 포장에서 어떻게 살아있는 벌레가 나올 수 있겠나?"

다시 생각해도 억울하고 화가 나는지 단사장의 얼굴이 발갛게 달아올랐다.

"요즘 라면 제조기업들도 애벌레 파동으로 골머리를 앓던걸. 화랑곡나방 애벌레가 알루미늄도 뚫고 들어간다고 들었네. 전 세계

˙ 블랙컨슈머(black consumer)는 구매한 상품에 대해 보상금 등을 바라고 기업을 상대로 의도적인 악성 민원을 제기하는 소비자를 말한다.

식품업계의 고민거리라니, 특정 기업의 문제만은 아닌 모양이야. 뭐, 전후 사정이야 어찌 되었든 그 비용도 품질원가 중 외부실패원가로 계산되어야 하지. 과거 굴지의 라면기업이 예기치 못한 원료나 위생상의 스캔들로 판매가 급감하고 기업의 존립이 위협받았던 걸 생각해보게. 그처럼 만에 하나 일어날 수 있는 일에도 평소 철저히 준비되어 있어야 더 큰 재앙을 미연에 방지할 수 있어."

"도대체 어디로 튈지 모르는 대중과 시장을 상대로 어떻게 예측하고 무엇을 대비한단 말인가? 정말 요즘 같아선 한 치 앞도 내다볼 수가 없다네!"

단단히 분한 경험이 여러 번 있었는지 단사장이 투덜거렸다. 유교수는 친구를 달래듯이 차분하게 말했다.

"물론 항상 올바른 예측만을 할 수는 없지. 때론 잘못된 예측으로 회사가 위기에 처할 수도 있어. 그리고 예기치 못한 실패는 노년의 가벼운 심장발작이나 마찬가지로 심각한 문제라네. 하지만 중요한 건 어떻게 대처하는가일세. 위기상황이 오면 경영자나 관리자는 그 변화의 핵심을 재빨리 간파해내야 해. 그리고 변화를 곧 기회로 만들어야 하지. 기업을 둘러싼 환경에서 무엇이 대세인지 분석하고, 이 같은 경향이 얼마나 영향을 미칠 것이며 어느 정도 이어질 것인지도 연구해야 하고."

교수가 '변화'라는 단어를 입에 올릴 때마다 단사장의 미간에는 깊은 주름이 패었다. 과거의 방식만을 고집해서는 더 이상 생존조차 보장할 수 없는 현실이라는 것이 스위트드림호(號)의 선장인 그를 괴롭혔다.

"예전에 나는 품질에 가치가 존재한다고 생각해왔지. 주먹구구로 시작해 '좋은 과자'만을 만들기 위해 날마다 구슬땀을 흘리던 시절엔 말이야. 하지만 고객이 진정으로 구매하는 것은 제품 그 자체가 아니었어. 바로 욕구에 대한 만족이지. 아이들에게 있어 과자의 가치는 포장 안에 들어있는 부록, 제 또래들 사이에서 유행하는 캐릭터카드일지 몰라. 우선순위에서 맛은 그 다음이고, 영양은 아예 관심도 없는 가치라네. 하지만 아이들이 자라 부모가 되면 유행이나 부록 같은 건 중요하지 않아. 영양이나 가격이 더 우선순위가 되지."

"과거에 비해 품질경쟁의 의미는 점차 축소되고 있지. 고객은 자신이 필요로 하거나 기대하는 것 이외에는 관심조차 없어. 언제나 이 제품 또는 기업이 자신에게 무엇을 전해줄 것인가를 생각하지. 그러니 고객이 진정으로 욕망하는 것이 무엇인지 포착할 수 있는 레이더를 상시 가동해야만 하네. 언제나 고객을 향하도록 방향타를 조종한다면 변화의 길에서 초라하게 낙오되는 일은 없지 않겠나."

대화에 빠져 있다 보니 어느새 십여 분이 흘러갔다. 온몸의 땀이 식어 정상의 시원한 바람에 소름이 오소소 돋기까지 했다. 계속 지체하다가는 햇볕이 가장 강렬하게 내리쬘 무렵에 산을 내려가게 될 수도 있었다. 유교수는 배낭을 챙기고는 단사장에게 하산을 제의했다.

"자, 더 더워지기 전에 내려가세. 이야기는 천천히 걸으면서 계속 나누자고."

교수, 보이지 않는 가치를 찾다!

"그나저나 유교수, 전부터 궁금한 게 하나 있었네."

단사장은 발밑을 조심히 걸으며 대화를 이어나갔다.

"관리회계에서는 원가관리가 차지하는 비중이 상당히 크지 않나. 그런 의미에서 둘은 같은 것이라고 봐도 되지 않을까?"

"사실 원가회계와 관리회계는 내용의 중복이 많고 구분도 명확하지 않네. 그래서 둘을 통합해 '원가관리회계'라고 부르기도 하지. 하지만 좁은 의미로 원가회계는 제품의 원가계산을 말하는 거야. 원가정보˙는 기업의 재무회계에서나 관리회계에서나 모두 유용한 정보지."

• 원가정보는 제품별 원가계산을 통한 원가분석, 제품가격 결정, 가격협상을 위한 원가견적, 제품별 수익성분석, 손익분기점분석, 원가절감 추진, 신제품 개발, 경영계획 수립 및 통제, 예산편성, 신설비 도입을 위한 경제성 평가, 세무보고서 관련 원가자료 제공 등 기업의 다양한 경영의사결정에 활용된다.

"흠, 그 애길 들으니 따로국밥이 생각나는군."

단사장이 입맛을 다시며 말하자 유교수는 맞장구를 쳤다.

"하하, 좋은 비유일세. 밥과 국을 한 그릇에 섞어서 내는 것이 국밥이지. 그런데 국밥인데도 밥과 국을 따로 담아서 내는 게 따로국밥이야. 둘 다 마찬가지인 것 같은데, 이게 또 묘하게 맛이 다르거든."

국밥의 비유에 이어 교수는 설명을 덧붙였다.

"거기다 관리회계에는 원가관리와 별개로 분권화나 성과평가, 동기유발, 보상제도 같은 경영관리 측면이 포함된다네. 이를 간과해서는 안 되지. 그렇기 때문에 원가회계와 관리회계가 동일한 것이라고는 볼 수 없네."

"그런 내용은 경영컨설턴트한테서나 듣는 이야기인 줄 알았는데 그 또한 관리회계의 한 분야였군."

"그래. 관리회계 분야는 점점 진화하고 세분화되고 있으니까. 요즘에는 경영학의 이론들도 관리회계에서 다루는 중요한 이슈라네. 가령 벤치마킹*이나 게임이론**, 대리인이론*** 같은 것들 말

• 벤치마킹(benchmarking)은 다른 사람(기업)이 하고 있는 것 중에서 가장 잘하고 있는 상황을 자신(자사)의 것으로 만들려는 노력 또는 시도를 말한다. 삼성전자가 반도체산업에 진입하면서 여의도 순복음교회의 경우를 벤치마킹해 한 사람의 리더 아래에서 조직원들의 일사불란한 행동체제를 갖춘 것은 유명한 사례다.

이지. 벤치마킹전략의 경우 시간·돈·노력을 절약할 수 있어 비용 면에서 효율적이고, 다른 기업의 실수를 반복할 필요가 없는 데다, 이미 검증된 기법을 새로 연구하지 않아도 된다는 장점이 있지. 때로는 기존의 굳건한 조직문화가 걸림돌이 되기도 하지만 말일세."

단사장은 잠시 곰곰이 생각하는 표정을 짓더니, 불쑥 의외의 말을 꺼냈다.

"이건 사실 우리 회사에서도 몇 명만 알고 있는 대외비인데 말이야…"

뭔가 비밀스런 단사장의 분위기에 유교수의 귀가 쫑긋했다.

"스위트드림 최고의 히트상품인 오마이스위츠는 100퍼센트 국내기술력으로 순수하게 연구·개발해낸 제품이라곤 할 수 없다네. 스위스의 한 무명장인으로부터 벤치마킹한 작품이지."

●● 게임이론(game theory)은 경쟁상황에서 상대방의 행위가 자신의 이익(성과)에 영향을 미치는 경우 이익(성과)을 극대화하는 방법에 관한 이론이다. '죄수의 딜레마' 연구로 잘 알려져 있다. 5장에서 다시 언급된다.

●●● 대리인이론(agency theory)은 주인(principle)이 대리인(agent)에게 자신의 의사결정권을 위임했을 때, 대리인은 주인의 이익을 충실히 보호해야 할 의무가 있음에도 불구하고 대리인 자신의 이익을 추구하는 데서 문제가 발생한다는 이론이다. 주인은 모르고 대리인만 아는 '정보의 불균형', 감시의 불완전성으로 인한 '도덕적 해이'나 '무임승차', '역선택'의 문제가 발생할 수 있다. 5장에서 다시 언급된다.

"오, 그런 사연이 숨어있었나?"

"음, 그래. 사실 우리는 뒤늦게 초콜릿시장에 뛰어든 후발기업이지 않나. 오마이스위츠가 출시되기 전까지만 해도 스낵류와 파이류가 핵심상품이었지. 그런데 20년 전쯤 어느 날 가족과 함께 알프스 여행을 떠났다가 산 아래 조그만 수제 초콜릿가게에서 기적을 만났다네."

"오마이스위츠의 오리지널 초콜릿이었나?"

"그래! 그때까지 내가 먹어본 어떤 초콜릿보다도 부드럽고 감미로우면서 행복한 느낌을 전해주는 궁극의 초콜릿을 발견한 거지. 그리고 그 순간 제과산업의 미래에 대한 어떤 직관 같은 것이 뇌리를 스치는 경험을 했네. 앞으로는 프리미엄 초콜릿이 제과시장의 왕좌를 차지할 거라는 예감 말이야. 그리고 그 길로 한국에 돌아와 직원들과 본격적인 벤치마킹전략을 상의했지."

"그럼 제조방법은 어떻게 확립한 건가? 노하우가 축적되어 있

♣ 벤치마킹의 5단계

- 1단계 : 내부역량 및 경쟁력 분석
- 2단계 : 장기적 각오 및 추진팀 구성
- 3단계 : 벤치마킹 대상 선정
- 4단계 : 정보의 수집 및 전파
- 5단계 : 실행

지 않은 상황에서 새로운 시장에 뛰어들려면, 벤치마킹 대상으로부터 누군가 비밀을 캐오는 과정이 있었을 텐데 말이야."

"음, 물론이야. 일본 굴지 제과회사의 초콜릿 생산라인에서 수년간 근무한 경험이 있던 젊은 직원을 그 스위스 초콜릿가게에 도제(徒弟)로 파견했다네. 그 친구가 그 배합기술을 완벽히 배워오는데 꼬박 3년이나 걸렸어. 마침 기술을 전수할 만한 후계자가 없었던 그 초콜릿장인이 성심껏 가르쳐줬기에 가능했지, 비법을 훔쳐가려는 놈이라고 문전박대했다면 어림도 없었을 거라네. 그리고 그 시간 동안 나는 현재 잘 돌아가고 있는 사업부문에나 집중하자며 신사업 개발에 반대하는 임직원들을 설득하고 제조라인 개설을 진행했지."

"요즘 같으면 엄청난 가치의 지식재산인데, 별반 비용을 치르지도 않았나보군!"

놀란 얼굴의 교수를 바라보며 단사장은 뿌듯함이 깊이 배인 미소를 지었다.

"그러니 '운명'이 아니었겠나. 신사업을 고민하던 당시의 내가 알프스로 휴가를 떠난 것도, 그런 대단한 비법을 가지고서도 관광객 대상이 아니라 작은 산골마을의 주민들을 위해 초콜릿을 만들던 괴짜 쇼콜라티에를 만난 것도, 심지어 그분이 인생의 황혼에 우리 회사에 기술을 전수해준 것도, 전부 운명이었다고 생각한다네.

그래서 그 스위스 작은 마을에는 우리 스위트드림이 주관해 해마다 초콜릿 페스티벌을 열고 오마이스위츠와 그 자매제품들을 제공하지."

오마이스위츠의 탄생비화를 흥미진진하게 들은 교수가 말을 이었다.

"새로운 제품이나 서비스를 창조하는 것이 곧 혁신은 아니라네. 기존의 것을 가져다 발전시키는 것이 혁신이지. 그런 의미에서 오마이스위츠는 진정한 혁신사례라고 볼 수 있겠어."

"모방이 곧 혁신이라는 말인가?"

"그냥 모방이 아니라 창조적인 모방이네. 고객의 니즈를 만족시켜 시장을 지배하도록 해주는 모방일세."

"자네가 이렇게 높이 평가해주니, 대외비가 아니라 동네방네 자랑이라도 하고 싶은 마음이 드네 그려."

모난 돌을 밟아 잠시 발을 헛디뎠던 유교수는 다시 균형을 잡고 발길을 재촉하면서 대화를 이어나갔다.

"벤치마킹도 벤치마킹, 혁신도 혁신이지만, 오마이스위츠의 핵심기술력을 가져왔다는 그 직원 얘기도 흥미롭네. 젊은 친구가 타지에서 용케도 오랜 시간을 버텨냈구먼. 경영자라면 자본을 배분하는 것만큼이나 깊이 생각해서 인적자원을 목적에 맞게 배분해

♣ 성과를 올리기 위한 5가지 실천능력

- 무엇에 시간이 사용되고 있는지 파악하고 시간을 체계적으로 관리한다
- 조직과 외부에 대한 공헌에 초점을 맞춘다
- 강점에 주력하고 우선순위를 결정한다
- 남다른 성과를 올리는 영역에 역량을 집중한다
- 성과를 내는 효율적인 의사결정을 행한다

야 하지."

"응, 입사할 때부터 워낙 열정적이어서 눈에 띄는 친구였거든. 스위스 파견업무도 자원해서 간 거야. 당시 임대리, 오마이스위츠 라인개발 이후 제조관리부장을 거쳐 지금은 임전무지만, 그 친구는 초콜릿 기술을 배우기 위해 낮에는 온갖 허드렛일부터 다 하면서 밤에는 고대 로마어까지 공부했다는군. 그 마을이 오래된 이탈리아 방언을 쓰는 지역이라, 초콜릿명인이 하는 말을 보다 정확하게 이해하기 위해서 말이야."

"인적자원의 고용과 해고, 승진에 관한 결정은 경영의 가장 중요한 결정 중 하나일세. 사실상 자본배분 결정보다도 더 어렵지. 그런데도 가능성에 기대어 인재를 평가한 자네의 결정은 탁월했던 것 같군. 중요한 프로젝트인 만큼 그 직원에게 투자도 많이 했지?"

"음, 적어도 생활의 불편함 없이 심리적으로 안정되도록 신경을

쓰긴 했지. 만리타향에서 외롭지 않도록 가족과 함께 보냈는데, 주거환경이나 자녀교육 측면에서 애로를 느끼지 않을 수 있게 지원을 아끼지 않았었네."

"정말 잘했군. 경영자라면 직원들의 장래와 회사의 미래를 위해 그들이 자신의 능력을 개발할 수 있도록 해주어야지. 인적자원에 대한 그런 배려도 분명 성과를 거두는 데 큰 몫을 했을 거야."

단사장은 옛날 생각이 나는지 씁쓸하게 웃으며 말했다.

"당시에 경리담당임원이 회계처리는 어떻게 해야 하냐며 달마다 압박해오던 게 지금도 생각나는군."

"전통적인 원가계산에는 가치를 창출하는 과정에 대한 개념이 없었으니, 그럴 만도 했겠네."

"응. 그때만 해도 확정된 것은 아무것도 없었으니까 말이야. 들어가는 돈도 일정치 않고, 언제 기술이 완성돼서 생산·판매로 이어질지도 장담할 수 없고. 사막에 씨를 뿌리고 물을 주는 것과 비슷한 상황이었어."

"기존 원가시스템은 눈에 보이지 않는 부분을 간과해버린다는 커다란 한계가 있지. 개발비 같은 무형자산 문제도 그렇지만, 가령 종업원의 숙련이나 교육 정도, 사기나 태도 등을 측정할 수 없다는 것도 원가회계에 빈틈을 만들었어. 이 같은 부분은 회사의 유형자산과 마찬가지로 가치가 있는 건데 말이야."

"맞아. 인적자원관리에 대해서는 나 역시 점점 더 그 중요성을 실감하고 있어. 그래서 각 부문별 관리자들의 감독 아래 직원들을 대상으로 교육이나 승진, 결근율이나 회전율 등을 점검하는 것을 소홀히 하지 않도록 늘 당부하고 있고."

"아주 잘하는 일이야. 조직관리가 경영의 가장 창조적인 분야인 건, 사람이라는 자원을 다루어야 하는 작업이기 때문이지. 이익이나 비용 문제가 잘 달성되고 있다고 하더라도 인간에 기초한 측정치에 어떤 하자가 생기면 긍정적인 관리라고 하기 어렵지. 과거의 원가회계시스템에 의해 창출된 재무적 자료는 기업의 제조활동에 관해 제대로 된 정보를 내놓을 수 없네. 품질·재고·생산성·탄력성·납품가능성·종업원 등에 관한 비재무적인 측정이 회사의 제조업적을 평가하는 데 사용되어야 해. 재무적 측면에서는 만족할 만한 업적을 내고 있더라도 비재무적 지표에서 정체하거나 뒷걸음질한다면, 그 회사는 경쟁환경에서 궁극적으로 살아남지 못할 뿐더러 수년 내 현상을 유지하기조차 힘들 거야."

점점 따가워지는 햇볕에 유교수가 잠시 고개를 들어 하늘을 올려다보았다. 강렬한 빛에 눈살이 절로 찌푸려지는 걸 보니 갑자기 비가 쏟아질 염려는 없어 보였다. 조금만 더 내려가면 등산로 입구에 도착할 것이다. 어느새 허기가 느껴진 교수는 다소 지친 표정을 한 친구의 어깨를 두드리며 재촉했다.

"자, 조금만 속도를 내보세. 난 시장기가 돌면 몹시 과묵해진다네. 산 밑에서 요기나 좀 하자고."

교수, 선택과 집중을 말하다!

늦은 점심의 배고픔을 엔진으로 삼아 유교수와 단사장은 구기 동등산로 입구까지 빠르게 내려왔다. 점포들이 죽 늘어선 포장도로는 이제 막 산을 오르려는 사람들과 하산해 음식점을 찾는 사람들로 꽤나 붐비고 있었다.

"그럼 뭘 먹을까?"

"북한산에서 제일 유명한 손두부집이 있는데 거긴 어떻겠나?"

"두부김치에 탁배기 한사발, 난 찬성일세."

교수의 제안에 단사장은 흔쾌히 응했다.

공영주차장 옆에 붙어있는 두부전문점 〈초당골〉. 가장 바쁜 시간은 지났을 텐데도 두 사람이 들어섰을 때 가게 안에는 아직 손님이 꽤 많았다.

"장사 한번 잘되는군!"

유교수와 단사장은 입구 근처의 빈 테이블을 찾아 자리를 잡았다. 피켈과 배낭을 내려놓자마자 교수는 한쪽 구석에 놓인 냉장고 쪽으로 가 물통과 컵, 몇 개의 작은 접시를 챙겨왔다. 냉장고 옆에 놓인 커다란 밥통 위쪽에도 '셀프' 라고 씌어 있었다. 교수는 꽤나 여러 번 와봤는지 이 집의 셀프서비스에 익숙한 품새였다.

"어째 죄다 셀프로군. 더 가져올 건 없나?"

단사장의 질문에 교수는 웃으며 테이블을 가리켰다. 특별히 제작한 것인지, 몇 군데 작은 홈이 파인 곳을 자세히 보자 각각 뚜껑을 열 수 있게 되어 있다. 하나씩 열어보니 수저, 냅킨은 물론 배추김치, 부추김치, 장아찌 같은 밑반찬까지 덜어 먹을 수 있게 준비되어 있었다.

"이거 참 신기하게 해놨군. 먹는 우리도 좋고 종업원들도 일일이 오가지 않아도 되니 정말 편하겠어. 밖에서 볼 때는 재래식이었는데, 안에 들어오니 꼭 패스트푸드점 같아."

"그래. 산 아래 음식점 같지 않게 이 집 주인이 관리효율 하나는 기가 막히게 영업하는 것 같더군. 거기다 가장 특이한 건 메뉴와 주문방식이야."

"그러고 보니 메뉴판이 어디에도 없구먼. 음식이 한 종류밖에 없나?"

단사장이 좌우를 두리번거리고 상 밑을 더듬어보자, 교수는 통로쪽 테이블 옆구리를 가리켰다. 빨강색 부저(buzzer) 옆에는 작은 나무 서랍 안에 화투장만한 색색의 플라스틱카드가 여러 장 들어 있었다.

각각의 카드를 살펴보니 뒷면에는 테이블번호, 앞면에는 메뉴가 적혀 있다. 메뉴는 두부전골, 순두부탕, 두부김치, 동동주, 매실주스, 총 5가지다. 두 사람은 순두부탕·두부김치·동동주의 3개 카드를 선택해 '주문'이라고 적힌 칸에 넣어두고 부저를 눌렀다. 신호음은 들리지 않았는데 접수대 쪽에 전달됐는지 종업원이 주문카드를 수거해 가서 주방으로 넣었다.

"이것도 나름 반자동화 시스템일세, 하하."

"손두부집이 아니라 뭔가 체계화된 제조기업 같은 걸…."

"판매제품이 전통방식이라고 해서 관리나 서비스 부문까지 주먹구구일 필요는 없지. 이런 아주 간단한 시스템 구축으로 이 두부집은 주문이 들어가 조리가 시작되고 완성된 음식이 나오기까지 소요되는 리드타임*을 단축하고 효율적으로 운영할 수 있지. 보통 소문난 맛집이란 곳이 손님이 워낙 많고 어수선하다 보니, 주문하는 것도 힘들고 음식이 잘못 나오기도 하고 짜증나는 일이 많지 않나. 물 달라, 컵 달라, 젓가락 새로 달라, 손님들 요구는 빗발치고

---

* 리드타임(lead time)은 일반적으로 제품 하나를 생산할 때 시작해서부터 마칠 때까지의 소요시간, 즉 제품의 기획 단계부터 완성 단계까지의 기간을 의미한다.

종업원은 넋이 나가고 말이야. 그래서 나는 처음 이 집에 왔을 때 꽤나 감명 깊었다네. 홀서빙 현장을 중심으로 노동력의 낭비를 제거하고 유한한 시간자원을 절약할 수 있도록 시스템을 설계했으니 이 집 주인양반도 관리회계적인 식견이 있는 거지."

"자네 얘길 들으니 정말 그렇군. 나 역시 예약하지 않고는 갈 수 없는 유명 음식점이라고 해도 주문 받는 종업원이 굼뜨고 음식이 늦게 나오면, 기분이 확 상해서 어지간해서는 안 가게 되더라고."

"그러니 서비스업이든 제조기업이든 조직 자체를 가볍게 만들어야 해. 민첩하게 움직일 수 있어야 하는 거지. …오늘날의 조직은 반드시 변화능력을 갖춰야 하네. 혁신이란 개념이 괜히 나온 게 아니야. 조직에는 자원의 소모를 중단시킬 수 있는 역량이 필요해. 자원은 항상 부족하고, 나날이 가격이 오르니까 말이지. 이런 자원들을 성과가 낮고 생산성이 떨어지는 부분에서 거두어들여, 성과를 높이고 공헌할 수 있도록 효과적으로 사용해야 하네. 손두부집이든 제과회사든, 모든 기업은 이런 질문을 멈추지 말아야 해. '우리 조직이 하고 있는 사소한 일은 무엇인가', 또 '그것을 유지하는 일이 옳은가', 그렇지 않다면 그 일을 당장 멈추고 다른 일에 중점을 두어야 하지. …경영자라면 시스템과 맞지 않는 제품이나 서비스는 과감하게 포기하고, 정말 중요한 부분에 자원이 전격적으로 지원되고 있는지 관찰해야 하네. 현 상황에 안주해 발전가능성에 대해 선을 긋는 순간 관리회계는 물론 기업의 미래는 없어."

주문하지 않은 카드를 만지작거리며 음식을 기다리는 교수의 얼굴이 꽤나 진지해 보였다.

"두부김치와 동동주 먼저 나왔습니다."

사발에 동동주 한잔씩을 따라 가볍게 잔을 부딪친 두 사람은 동동주를 시원스럽게 목으로 넘겼다.

"어~, 시원하다."

"이 두부 좀 먹어보게. 고소함이 일반 두부와는 차원이 다르지 않나."

"정말 일품이네. 꼭 우리 어렸을 때 동네에서 먹던 그 맛 같아."

단사장은 연신 젓가락을 움직이며 모락모락 김이 나는 큼직한 두부에 볶은 김치를 얹어 입으로 가져갔다.

"동동주도 이 집에서 직접 만든 거라네. 5가지 주메뉴부터 3가지 사이드메뉴까지, 이미 만들어진 음식을 다른 데서 사오는 일은 없지."

"맥주·소주는 물론 콜라·사이다조차 팔지 않으니 신기한 음식점일세."

"외부구입 없이 100퍼센트 자가제조하기 위해 메뉴를 최대한 단순화한 모양이야. 다각화 대신 전문화를 선택한 아주 영리한 선택일세."

"나도 늘 생각하고 있는 바지만, 조직은 다각화하지 않을수록 경영하기 쉬운 것 같아. 단순하면 명쾌한 법이지. 모든 노력을 한 곳으로 집중할 수 있고. 이런 특별한 두부 맛도 한 가지 핵심역량에 집중했기에 나온 게 아닐까. 만약 근처의 다른 집들처럼 도토리묵무침이나 홍어삼합 같은 메뉴도 잡다하게 내는 식당이었다면 이만한 평가는 꿈도 못 꾸고 그저 그런 평범한 맛집이 됐을지도 모르지."

"그렇다네. 중요한 건 선택과 집중이야. 만약 유지비용조차 감당해내지 못하거나 앞으로도 성장할 잠재력이 전혀 보이지 않는 제품 또는 서비스가 있다면 궁극적으로 버려야 하지. 장기계획을 결정할 때는 '포기해야 할 것은 무엇인가', '중요하지 않은 것은 무엇인가', '어디에 자원을 공급하고 추진해야 하는가'라는 세 가지 질문을 고려하는 편이 좋아. 한마디로 무엇을, 어떻게 그만둘 것인지에 대한 결정을 체계적으로 연습하는 거지. 보다 능력과 잠재력 있는 부문이 더 큰 기회를 얻을 수 있도록, 무능하거나 불필요하거나 수익성이 없는 부문을 단칼에 정리하는 것도 경영자의 역할일세."

연달아 나온 얼큰한 순두부탕에 숟가락을 가져가면서 교수가 말을 이었다.

"이 두부집과 비교하면 자네 회사는 어떤가? 팔리지도 않는 제품라인의 생산·판매를 유지하고 있지는 않은가? 아니면 대량으로 팔려나가고는 있지만 매출총이익률이 나쁜 브랜드를 방치하고 있지는 않나?"

교수의 직접적인 질문에 살짝 미간을 찌푸린 단사장은 비어 있는 잔에 동동주를 두어 바가지 따라 입술을 축이며 말했다.

"사실 그 문제 때문에 골치를 썩고 있다네. 베이커리라인 '팡이랑'의 존속 여부는 오랫동안 스위트드림의 뜨거운 감자였어. 유명 제과점 프랜차이즈가 시장의 대부분을 차지하고 있고, 대형마트조차 자체 베이커리브랜드를 출시해 영역을 확장하고 있는 데다, 경쟁기업에서는 유기농 웰빙 고가제품으로 시장을 선도하고 있는 여러 여건을 고려하면 7~8년 전부터 매년 수억 이상 적자를 내고 있는 베이커리라인을 철수하는 것이 옳은 선택일 텐데, 20년 가까이 수백억 원을 투자한 걸 생각하니 사업을 접는다는 게 계속 망설여지더군. 라인을 폐지하면 한순간에 수십억대의 매출이 사라지는 상황도 두렵고 말이야."

단사장의 이야기를 두부와 함께 천천히 곱씹은 교수는 신중한 목소리로 대화를 이었다.

"음…, 자네가 무슨 고민을 하고 있는지는 잘 알 것 같네. 한계

사업*의 정리는 대부분의 기업이 망설이고 고민하는 문제지. 특히 한때 잘나간 적이 있었던 사업부문이라면 철수를 결정하는 것이 더욱 고통스러울 거야. 완전한 실패작을 버리는 일은 그다지 어렵지 않아. 자연스럽게 소멸되기도 하고. 반면 어제의 성공은 비생산적이고 보잘것없는 상태가 된 후에도 존속하려고 하는 성질이

• 한계사업은 경영환경의 변화로 경쟁력을 잃고 시장에서 도태되어 성장과 채산성 확보에 어려움을 겪는 사업을 말한다.

있다네. 물론 그보다 훨씬 더 위험한 것은 본래 잘되었어야 마땅한 일인데도 무슨 영문인지 성과가 오르지 않은 채 계속하고 있는 일이겠지."

"…아이들 사이에 만화 캐릭터카드가 한창 유행하던 시절에는 정말 전성기였지. 어찌 보면 창피한 일이기도 하지만, 캐릭터카드만 갖고 빵은 버리는 아이들이 있을 정도로 다소 광적으로 날개 돋친 듯 팔려나가던 때가 있었다네. 당시를 생각하면 팡이랑의 현재 위치가 믿겨지지 않을 정도야."

"과거의 영광은 잊어버리는 게 좋아. 자원의 집중을 통해 성과를 얻으려면 체중조절을 조직적으로 시행할 필요가 있다네. 새로운 일을 한 가지 시작하려면 장래성 없는 일이나 생산성이 낮은 일을 한 가지 폐기하지 않으면 안 되지. 20년간 베이커리라인에 투하된 수백억 원은 매몰원가*야. 본전생각 때문에 발목 잡히지 않도록 늘 경계해야 하네. 지금의 의사결정에 영향을 미치지 말아야 할 과거의 일들이 영향을 미쳐서야, 앞으로 나아갈 수가 없지 않겠나."

"실은 몇 달 전부터 광고를 중단했다네. 광고를 끊자마자 판매

---

* 매몰원가(sunk cost)는 이미 발생되어 차후의 의사결정으로 어떻게 해볼 수 없는 회수불능원가를 말한다. 2장에서 다시 언급된다.

량은 더욱 급감했지. 그나마 6퍼센트대였던 점유율이 반토막이 났어. 마케팅비를 끊임없이 쏟아 부어야만 베이커리라인이 유지된다는 것이 증명된 셈이지."

"나도 며칠 전 아내와 마트에 갔다가 꽝이랑 브랜드의 빵이 3개들이 묶음으로 2천 원에 팔리고 있는 걸 봤다네. 40퍼센트 정도 할인된 가격인 것 같던데."

"워낙 판매가 좋지 않으니 영업부에서 무리수를 쓴 거겠지. 나도 보고받은 다음 기분이 영 찜찜했다네. 아무리 빈사상태의 브랜드라지만, 소비자들에게 '싼 게 비지떡'이라는 부정적인 이미지를 남기고 싶진 않았는데."

"우리나라 소비자들은 특히 가격으로 품질을 판단하는 성향이 강하지. 해외의 명품 브랜드들이 자사에서 결정한 가격을 끝까지 고수하는 것도 품질에 대한 신뢰성을 유지하기 위해서야. 할인판매를 하면 매출신장으로 이어지고 재고를 줄이는 데도 효과적이지만 때때로 후유증을 남기기도 하니 조심해야 하네."

단사장은 구구절절 옳은 유교수의 말에 한숨을 내쉬었다.

"자네 말 그대로야. 세일하던 제품의 가격을 원래대로 돌이키고 나니 소비자들의 불만이 많았다네. 할인된 가격이 애초에 적정수준이라고 여기게 된 거지. 수익률 저하도 문제고 말이야. 1천 원에 팔던 상품을 700원에 팔면 수익성이 개당 300원씩 떨어지지. 고객

요구에 따라 할인율을 높일수록 수익성은 더 떨어지고, 나중에는 원가수준으로 파는 상황까지 가는 경우도 있어."

"그래. 힘든 일이지만 경영자나 관리자는 자사의 비즈니스가 건전한 성장으로 나아가고 있는지, 아니면 심각한 부작용을 초래할 비만으로 나아가고 있는지 예리하게 판단해야 해. 단기간에 기업의 매출총이익률이 증가한다면 이건 좋은 의미에서의 성장이야. 반면 판매량은 증가하고 있지만 그보다 이익을 더 높이지 못한다면 이건 비만에 불과하지. 한편 판매량은 올라가지만 이익이 낮아진다면 이건 종양을 키우고 있는 것일 수도 있어. 수술을 통해 긴급하게 제거해야 하지."

어느덧 항아리 속의 동동주가 바닥을 보이며 낮게 찰랑거리고, 단맛에 강하지만 술맛엔 약한 두 사람의 목덜미가 발갛게 물들기 시작했다. 단사장은 단호한 어조로 교수에게 질문했다.

"유교수 자네라면 팡이랑을 어떻게 처리하겠나?"

"허허, 나한테 별걸 다 묻는구먼. 이미 자네도 마음속으로 결정을 내리지 않았나."

단사장은 입가에 씁쓸한 웃음을 머금었다.

"사실 광고를 중단할 때부터 철수를 결정하고는 있었어. 발표만 하지 않았다 뿐이지. 오랜 시간 한솥밥 먹은 베이커리라인 직원들을 어떻게 처리해야 할지 고민이 돼서 말이야."

"노조와의 협상은 어떻게 진행되고 있나?"

"먼저 수개월간 관련인력 상당수를 다른 부서로 전출시켰고, 얼마전 내가 직접 노조위원회와 협상했네. 명예퇴직을 원하는 직원들에게는 6개월치의 위로금 지급을 약속하고, 회사에 남길 바라는 이들에게는 희망부서로의 이동을 제안해 눈에 띄는 갈등은 없었다네."

"정말 다행일세. 불황기의 구조조정은 때로 격렬한 마찰을 불러 일으키기도 하니까."

"응. 하지만 아직도 갈 길이 멀어. 생산과 판매를 완전히 중단하고 나면 갑작스런 매출 감소에 따른 타격이 올 테니까. 설비 매각 과정에서 당기순이익 감소도 필연적이지."

"그래. 아무쪼록 사업철수를 발표할 때 보다 많은 주의를 기울이기 바라네. 단기실적이 아닌 장기성장을 위해 불가결한 선택이라는 것을 투자자들이 반드시 인지할 수 있도록. 혁신에 뛰어난 기업은 낡은 것, 진부해진 것, 더 이상 생산적이지 못한 것을 체계적으로 폐기하는 시스템을 갖추고 있어. 거의 3년마다 모든 제품, 프로세스, 기술, 서비스, 시장을 사형재판에 회부하지. '품질만 좋다면 시장은 언제까지나 존재한다'는 식으로 생각하지 않는 거야. 과거 디지털카메라가 주도하는 시장의 미래를 받아들이지 못하고 아날로그필름에 집착했던 코닥의 경우처럼, 스마트폰이나 태블릿 PC가 장악하기 시작한 PC산업에서도 변화에 적응하지 못하는 기업은 아차 하는 순간 도태되겠지. 기업가들은 사람이 만든 것은 언젠가, 그리고 보통은 예상보다 빨리 진부해진다는 사실을 유연하게 받아들여야만 하네."

교수는 스위트드림의 역사 속으로 사라져갈 베이커리라인 생각에 안색이 어두워진 친구와 시선을 맞추며 말을 이었다.

"지금은 주력사업에만 신경 써도 어려운 시기라네. 어떤 기업이라도 비주력사업까지 모두 챙길 수 있는 여력은 없어. 버릴 것은 신속하게 버리고 될성부른 떡잎에만 집중할 시점이지. '실패란 아직 그 가치가 실현되지 않은 미래의 자산*'이라는 말을 기억해주게나."

---

* 폴라로이드 카메라를 발명한 미국인 에드윈 랜드(Edwin Land) 박사의 말이다.

교수,
경영의 청사진을 그리다!

두 사람은 말없이 남은 동동주잔을 비웠다. 한동안 침묵이 공기를 누르자 유교수는 주문 서랍에 매실주스 카드를 넣고 부저를 눌렀다. 종업원이 신속하게 카드를 수거해 갔다.

"자, 후식으로 새콤달콤한 매실주스 한잔 마시면 기분이 상쾌해질 걸세."

자신을 격려하듯 애써 밝은 목소리를 내는 교수를 보면서 단사장은 흐뭇한 미소를 띠었다.

"너무 내 걱정은 말게. 앞날을 생각하니 눈앞이 캄캄해서 그런 게 아니라네. 자네와 경영과 관리에 대한 얘기를 나누다 보니 회사의 현재 상황에 대해 냉정하게 생각할 수 있어 좋았다네. 새로운 아이디어도 떠오르고 한쪽에 미뤄두었던 문제들을 다시 끄집어내 판단을 내릴 만한 근거들도 나왔다고 할까."

"오늘 나를 만나서 가뜩이나 어깨 무거운 자네가 짐만 더 지게 된 게 아니라면 천만다행일세. 나야말로 경영현장의 얘기가 많은 참고가 되었다네."

교수는 작은 주전자에 담겨 나온 매실주스를 단사장의 유기잔에 가득 따랐다.

"매실이 피로회복에 좋고 해독작용도 뛰어나다지. 이거 한잔으로 등산의 피로도, 동동주의 숙취감도 사라질 걸세."

"그래, 자네도 어서 드시게."

매실주스를 한 모금 입에 머금자 청량한 기운이 온몸에 퍼진다. 교수는 여유로운 미소를 머금고 친구에게 말을 건넸다.

"자네, 매실의 종류가 몇 가지나 되는지 알고 있나?"

"매실이라고 다 똑같은 게 아닌 모양이지?"

"그럼. 품종도 여러 가지지만 가공방법에 따라서도 다른 이름이 붙는다네. 내가 알고 있는 것만 해도 청매, 황매, 금매, 오매, 백매, 한 다섯 가지는 되지˙. 청매가 익으면 황매가 되고, 찌고 그을리고 절이는 방식으로 금매, 오매, 백매도 만들어지지. 각각의 매실은

˙ 청매는 껍질이 파랗고 과육이 단단한 덜 익은 매실이며, 신맛이 가장 강하다. 황매는 노랗게 익은 것으로 향기가 좋은 잘 익은 매실이다. 금매는 청매를 증기에 쪄서 말린 것으로 술을 담그기에 알맞은 매실이다. 오매는 청매의 껍질을 벗기고 연기에 그을려 만든 빛깔 검은 매실로 해독작용이 있고, 해열·진통·지혈·구충·해갈에 효과가 있다. 백매는 청매를 소금물에 절인 후 햇볕에 말린 매실로 오매와 비슷한 효능이 있지만 만들기 쉽고 먹기도 좋다.

맛과 효능 등 특성이 달라진다네."

"다양한 매실이 있다는 것도 신기하지만, 그걸 꿰고 있는 자네도 참 신기한 친구일세!"

"응, 나도 경남 밀양의 어느 매실장인에게 들은 이야기일세. 처음 들었을 때는 그저 신기하게 생각하고 넘어갔는데, 관리회계를 가르치다 보니 매실과 원가 개념이 일맥상통하는 측면이 있더란 말이지."

"허, 참, 엉뚱한 친구일세. 매실과 원가가 무슨 연관이 있다는 건가?"

"원가 개념*도 엄청나게 다양하지 않은가. 제조원가와 비제조원가, 직접비와 간접비, 변동비와 고정비, 회피가능원가와 회피불능원가, 차액원가, 매몰원가, 전부원가, 변동원가 등 종류도 많고 어려워서 이 부분을 가르칠 때면 학생들이 항상 질색을 한다네."

"음, 그래서?"

"중요한 건 어떤 의사결정에 쓰일 원가 개념인지를 알아야 한다는 거지. 목적에 적합한 원가정보를 제공하는 것이 원가관리회계의 핵심이라는 말이야. 목적에 따라 매실을 고르듯이. 예를 들면 이 매실주스 한 주전자의 '원가가 얼마냐?'고 물었을 때 '한 주전

---

* 다양한 원가 개념은 2장에서 자세히 언급된다.

자에 900원'이라고 말하는 것은 바보 같은 대답이야. 또 다른 질문, '어디에 쓸 것인가?'로 이어져야 하지. 그리고 그 용도에 맞는 원가정보를 이야기해주어야 해. 마찬가지로 '좋은 매실 고르는 법'을 누군가 물었을 때 '알이 크고 매끄러운 것'이라는 식으로 대답하면 실격이야. '어떤 용도로 이용할 것인지'를 다시 물어봐야 하지."

"그런 의미였군! 나도 현장에 나가 부문장들로부터 원가정보를 보고받으면 답답할 때가 한두 번이 아니었다네. 내가 정작 알고 싶은 것은 따로 있는데, 외부 이해관계자들에게나 보고할 법한 단순 정보들을 나열하는 일이 많았지."

단사장은 유교수가 매실의 종류를 언급한 이유를 깨닫고 무릎을 치며 동조했다.

"나는 원가정보를 어떤 식으로 파악하느냐가 경영자의 의사결정에 아주 중요한 도구라고 생각한다네. 가령 사업을 철회한다고 해서 모든 비용이 사라지지 않는다는 점을 염두에 두고 회피불능원가를 계산해야 하지. 또 여러 가지 대안들 가운데 하나를 선택해야 하는 문제에 봉착한다면 대안 모두에 공통으로 발생하는 원가는 고려대상에서 제외하고 차액원가만을 계산해야 할 테고."

"우리 회사 역시 몇 년 전부터는 공헌이익 손익계산서*를 활용하고 있는데, 그해 발생한 비용은 그해 처리하다 보니 의사결정을 내리는 데 한결 유용해졌다네."

후식까지 마친 후 초당골을 나온 두 사람은 주차장 쪽으로 걸어갔다. 유교수는 집까지 걸어서 20분이면 충분하지만 한강을 건너야 하는 단사장은 자가용을 주차해두었다.

헤어지며 다음번 만남을 기약하기 전 단사장은 교수에게 물었다.

"유교수, 경영이란 과연 무엇이겠나?"

"수십 년을 경영자로 살아온 자네가 당연히 나보다 잘 알지 않나?"

"그래도 자네로부터 명쾌한 정의를 듣고 싶네."

"내가 생각하는 경영이란, 참다랑어(참치) 양식이라네. 한마디로 불가능을 가능하게 만드는 일이지. 어획량이 적어 마리당 수천만 원을 호가하지만 환경에 민감한 참치 양식은 과거 수산업계에서 불가능한 것으로 여겨졌지. 하지만 무수한 시행착오 끝에 얼마 전 드디어 양식에 성공하지 않았나. 아울러 경영자란, 그처럼 인간의 힘으로 경쟁의 바다에서 기업을 건져 올리는 사람일세. 최고경영자는 기업이 나아갈 방향은 물론 크고 작은 계획과 전략, 가치와

• 공헌이익 손익계산서는 외부 공시 목적이 아닌 내부 정보이용자를 위한 특수목적의 재무제표다. 기존 손익계산서보다 범위가 축소되고, 변동성 및 고정성 요인으로 원가와 비용을 구분하며, 법인세를 고려한 순이익을 산출해 투자판단에 유용하다. 2장에서 다시 언급된다.

원칙, 다양한 구성원 간 관계, 타사와의 제휴관계, 혁신, 투자, 디자인, 연구 등 모든 분야에 책임을 갖는 위치에 있지."

"나 또한 참다랑어 양식에 성공할 수 있겠나? 나이가 들어서 그런지, 예전에 비해 자꾸만 자신감이 없어진다네. 수많은 임직원들과 그 가족들의 미래를 짊어지고 있다는 생각을 하면, 자칫 내 판단착오로 회사를 위태롭게 하지는 않을까 걱정이 태산일세."

"그런 경우에 대한 위험관리 차원에서 창업자의 판단이나 강점에 때로는 '노(No)'라고 얘기할 수 있는 외부인사가 필요한 거지. 기업 내에 문제를 제기하고 의사결정을 평가하며 시장 지향, 재무예측, 최고경영팀 구축 등 생존의 조건을 만족시키도록 최고경영자를 끊임없이 압박해나갈 수 있는 그룹이 존재해야 해."

"음…, 내일부터 당장 나에게 쓴소리를 해줄 수 있는 젊고 패기 넘치는 직원들을 키우는 데 주력해야겠구먼."

"그래, 그리고 오마이스위츠를 계승할 만한 신사업 투자에도 주저하지 말기를 바라네. 사업을 성장시키려면 사전투자는 불가피해. 이건 현재가 아니라 미래의 수익을 창출하기 위한 것이지. 게다가 오랜 기간 자금을 투하해야만 해."

"그럼 이런 경우에는 어떻게 원가관리를 해야 할까?"

"우선 이 같은 활동에 대해서는 별도의 예산을 설정해야 해. 그리고 향후 또는 일정 기간 내에 이 같은 투자를 통해 어떤 성과를 기대하는지 생각해봐야 하네. 미래를 위한 예산은 경기에 상관없이 일정하게 유지하라고 권하고 싶네. 규모는 전체 예산의 10~12퍼센트를 크게 넘지 않는 선이 적당할 걸세. 미래를 위한 예산을 일정한 수준으로 유지하지 않으면 어떤 성과도 올릴 수 없지."

교수는 단사장의 어깨를 두드리며 마지막으로 경영자의 5가지 역할을 상기시켰다.

"경영자는 목적을 정하고 목적달성을 위한 전략을 결정하는 사람이네. 또한 사람과 자원을 조직화하고 활동과 의사결정에 관련된 요구사항들을 분석하며 업무를 분류하는 사람이지. 아울러 동기를 부여하고 의사소통하는 사람이자, 기준을 정해 평가하는 사람이기도 하다네. 마지막으로, 경영자는 주변사람들은 물론 자기 자신까지 발전시키는 사람일세. 난 자네가 이 같은 역할을 충실히 이행해온 아주 좋은 경영자라는 사실을 잘 알고 있다네. 그러니 스위트드림을 더욱 내실 있게 성장시켜 나 같은 군것질 마니아에게 언제까지나 꿈같이 달콤한 나날들이 계속되게 해주게나."

황혼이 지는 유교수의 등 뒤로 미네르바의 올빼미가 날아올랐다.

2

유교수, 쫀쫀한 원가시스템을 그리다

유교수의 회계책을 출간한 출판사 〈베스트북〉. 제작비 절감의 벽에 부딪힌 출판사 사람들은 원가회계에 대한 유교수의 특강을 계기로 그동안 막연하게 알고 있던 원가의 개념을 재정립하고 원가계산의 수준을 한 단계 높인다. '원가의 종류에는 무엇이 있고, 이는 어떻게 활용해야 하는가'에 대한 답을 얻을 수 있다.

이 장에서 주목할 키워드

- 원가정보
- 직접원가와 간접원가
- 혼합원가와 관련범위
- 공헌이익과 손익분기점
- 영업레버리지
- 제조원가와 비제조원가
- 고정원가와 변동원가
- 차액원가, 기회원가, 매몰원가
- CVP분석
- 특별주문 의사결정

교수,
낙엽 지는 가을에 서다!

 광화문 부근을 거닐던 유교수의 얼굴이 거리를 뒹구는 낙엽에 고정되어 있다. 은퇴를 하고도 늘상 바쁜 유교수지만, 새삼 가을을 타는지 마음이 선득선득하다.

 '아, 나도 늙는 걸까. 예전엔 누군가가 말한 것처럼 낙엽 태우는 냄새에 맹렬한 생활의 의욕을 느꼈었는데…. 이렇게 마음이 휑한 까닭은 뭘까. 이거 아무래도 내 인생의 공헌이익률이 너무 낮아진 것 아닐까.'

 어떤 생각을 해도 마무리는 회계적인 사고로 끝을 내는 교수는 여전히 머리끝부터 발끝까지 회계주의자다. 30년 넘게 대학에서 회계학을 가르치며 학생들로부터 가장 많이 들었던 얘기, "회계는 너무 어려워요!" 이런 핑계 아닌 핑계로 회계학을 멀리 하는 것을 보고, '회계를 세상에서 가장 알기 쉽고 재미있게 가르치는 사람이 되자'라는 평소의 소신을 지키기 위해 지난해에는 대중적인 회계책을 내기도 했다.

오늘의 외출 목적은 후속작 출간을 재촉하는 출판사에 볼일이 있어서다. 오랜만에 나온 시내 나들이라 서점도 둘러보고, 출판사에 들러 다음 책에 대한 논의를 할 생각이다. 전날 한 독자로부터 받은 이메일의 한 구절이 떠올랐다. '회계를 포기할 뻔했는데, 덕분에 다시 시작하게 됐다' 던 이름 모를 독자의 목소리를 상상하니 저절로 걸음에 힘이 생겼다.

같은 시간, 출판사 〈베스트북(BestBook)〉 회의실. 각종 원가상승으로 인한 원가절감회의가 한창이다. 출판이라는 직종은 콘텐츠가 가장 중요하지만, 종이나 인쇄비 등 원자재비용에 민감한 곳이기도 하다. 몇 년 전부터 지속되어온 원재료비의 상승은 가뜩이나 어려운 출판 분야에 찬바람을 몰고 왔다. 원가를 줄이겠다고 해서 무턱대고 거래처에 제조원가를 낮추라고 종용할 수만도 없다. 양질의 콘텐츠를 담은 책을 저렴한 비용으로 만들어 독자에게 제대로 공급하고 싶어 하는 것은 모든 출판사의 바람일 테지만, 어디 이것이 말처럼 쉬운 일인가. 회의실 열기가 자못 뜨겁다.

"편집부에서 책을 만들 때 일정한 판형으로 발주를 한다면, 저희 제작팀은 미리 저렴한 가격으로 종이를 대량구매 할 수 있습니다. 그럼 단가를 낮출 수 있고요. 물론 종이 재질이 다 똑같다는 전제가 있겠지만요."

제작을 총괄하는 홍재판 과장은 자신이 할 수 있는 원가절감방안으로 이런저런 숫자들을 나열하며 설명한다.

"생각을 해보세요, 이렇게 저렇게…."

그 앞에 둘러앉은 각 팀의 팀장들은 홍과장의 목소리를 듣고 있기는 하지만, 저마다 다른 생각에 잠긴 듯 앞에 놓인 서류에 의미 없는 낙서만 하고 있다. 사실 제작팀을 제외한 다른 부서는 원재료비에 그다지 민감하지 못한 것도 사실이다. 홍과장이 보기에 책의 사이즈를 조금만 바꾸면 훨씬 큰 금액을 절약할 수 있는데도 불구하고, 편집팀은 이런저런 이유를 들어가며 자신들의 의견을 더 앞세운다. 그런 모습을 볼 때마다 아쉬운 점이 한두 가지가 아닌 홍과장이다. '한 번만 더 생각하면 더 많이 아낄 수 있을 텐데' 하고 되뇌지만, 어디 원가절감이라는 것이 한 사람의 마음만으로 될 일인가.

이런저런 원자재비용, 각종 잡비 등에 관한 얘기가 오가고 있는 중에 지금까지 조용히 뒤로 물러앉아 있던 김홍철 마케팅부문장이 입을 뗀다.

"원가절감 중요하지요. 그런데 여기 앉아 있는 우리가 원가에 대한 개념은 제대로 알고 있기나 한지 모르겠습니다. 이 책 한 권의 원가를 따지려면 직접재료비 외에 여러 가지 부대비용도 들어가야 하는데 말입니다. 종이값만 아끼면 원가절감이 되는 건가요?"

삽시간에 분위기가 반전되고, 김부문장의 이야기가 계속된다.

"이렇게 여기 앉아서 이걸 줄여라, 저걸 줄여라 하기 전에 각 팀별로 본인들이 사용하는 모든 비용에 대해 생각을 해보시고, 해당 팀에서 줄일 수 있는 비용이 어떤 항목이 있는지 제대로 연구해서 다시 회의를 합시다. 이렇게 앉아 있다고 뭔가 다른 이야기가 나올 것 같지도 않은데, 시간낭비하지 맙시다."

김부문장의 말이 끝나자마자 부산하게 각자 짐을 챙겨 회의실 밖으로 나온다. 이런저런 이야기가 오가지만 별다른 묘책이 있는 것은 아니다. 기획편집2팀의 이영희 팀장 역시 예외는 아니다. 마음만 무거울 뿐, 어찌해야 할 바를 모르겠다. 그러다 『회계학 리스타트』 책을 저술한 유교수님이 잠시 후 사무실을 방문할 예정이라는 것을 떠올린다. 후속작이 관리회계에 관한 내용이니 이 기회에 자신도 겸사겸사 배워볼까 생각하다가 금세 마음을 고쳐먹는다.

'아니다, 차라리 우리 팀장들 모두 유교수님께 배워보는 건 어떨까. 그래야 이런 불편한 회의를 최대한으로 줄일 수 있을 테니….'

교수,
우왕좌왕 출판사를 방문하다!

유교수는 출판사 나들이를 좋아한다. 넓지 않은 사무실 공간에서 모두가 개미처럼 분주하게 일하는 풍경이 한눈에 보이는데, 그 모습이 각양각색이다. 고개를 거의 책상에 파묻고 있는 편집팀, 전화기를 붙잡고 연신 무언가 설명을 해대는 마케팅팀, 컴퓨터를 뚫어져라 바라보며 계속해서 뭔가를 찾는 홍보팀까지. 마치 한창 꽃이 피는 봄기운이 느껴지는 것 같아 덩달아 기분이 좋아진다. 교수가 가장 바깥쪽에 있는 한 직원에게 다가가 말을 건넨다.

"저, 기획편집2팀…."

말이 채 끝나기도 전에 그를 알아본 한 직원이 교수를 향해 인사를 해온다.

"어머, 안녕하세요, 교수님. 잠시만 이쪽에서 기다리시면 제가 전하겠습니다."

교수를 작은 회의실로 안내한 직원이 편집팀에 가서 그의 도착을 알리는 것 같다. 잠시 앉아 있으려니, 회의실로 안내한 직원이 음료를 내오며 말을 건넨다.

"교수님, 저… 사실 한번 꼭 뵙고 싶었습니다. 교수님께서 지난번에 쓰신 그 책 덕을 제가 정말 많이 봤거든요. 그렇게 어렵던 차변, 대변에 대한 이해를 한 번에 할 수 있었습니다. 몇 년이나 고생했었는데. 감사합니다, 교수님. 꼭 그 말씀을 드리고 싶었어요."

뜻하지 않은 칭찬의 말에 교수의 기분은 더 좋아진다. '이런 맛에 책을 쓰는구나.' 내심 뿌듯하기도 하고, 자신이 쓴 책 덕분에 회계를 더 쉽게 이해했다는 사람을 여기서도 만나니 반가울 따름이다.

"고마워요. 그래, 어떤 부서에서 일을 하나요?"

"네, 저는 경영지원팀에서 일하는 정은수라고 합니다."

대답과 함께 이전 책을 같이 만들었던 편집팀의 이팀장이 회의실 문을 열고 들어선다.

"안녕하세요, 교수님. 오랜만에 뵙습니다."

"아, 오랜만이에요, 이팀장."

이팀장과 반갑게 인사를 나누며 앞에 서있는 직원에게 눈인사를 한다.

"반가웠어요, 정은수 씨. 내 책이 도움이 됐다니 아주 기쁩니다. 우리 또 봅시다."

"네, 교수님. 그럼 말씀 나누세요."

회의실을 나서는 직원을 바라보는 교수의 눈빛이 따사롭다. 마치 자신이 가르친 제자 같다는 느낌이 든다.

"앉으세요, 교수님."

"아, 그래요. 그동안 잘 있었지요? 그래, 내 책은 좀 팔리나요? 요즘 출판계가 불황이라고 연일 떠들던데. 바야흐로 독서의 계절 가을이라 좀 나아지는 건가?"

"어우, 참. 교수님 책은 잘 나갑니다. 책이 좋은데 무슨 문제가 있겠습니까?"

"아하, 이 친구 보게. 그런 말로 얼렁뚱땅 넘기면 안 돼. 내가 출판사에 손해를 끼칠까봐 얼마나 걱정이 많은데. 그런데 두 번째 책을 내자는 걸 보니, 내가 손해를 끼친 건 아닌가보군. 허허."

"그럼요. 오늘은 두 번째 책에 관한 말씀도 나눠야 하지만, 그 전에 드릴 말씀도 있어요. 그리고 또 한 가지 부탁의 말씀도 드리고 싶고요."

"그래, 뭔데 그렇게 뜸을 들이고 계시나?"

"일단은 원고마감일이 한 달도 채 남지 않았다는 거고요. 교수님, 얼마나 쓰셨습니까?"

"어허, 이 사람 왜 그러나. 사람 겁나게. 내 거의 다 써가네. 그런데 생각처럼 진도가 빨리 안 나가서 걱정을 하고 있네만. 압력을 받으니 속도를 더 내보지. 걱정 말게. 내가 누군가. 허허."

"고맙습니다, 교수님. 그리고 또 한 가지요. 제가 듣기엔 좋은 소식 같은데, 이게 진짜 좋은 일인지는 잘 모르겠습니다. 대기업에서 『회계학 리스타트』에 대한 대량주문이 들어왔거든요. 주문이 들어온 건 기쁘지만 많이 사가는 만큼 가격을 낮춰달라고 해서 저희가 확답을 못하고 있는 상황입니다. 50퍼센트 할인을 해달라고 하니, 이거 참…. 욕심은 나지만 쉽게 결정할 문제가 아니라서 교수님께 한번 여쭤보고 싶었습니다. 이 건이 정말로 저희 회사에 도움이 되는 일인가 싶어서요."

"음, 정가의 50퍼센트라…. 몇 권이나 주문하면서 그런 제안을 한 건가?"

"1만 부 주문이 들어왔습니다. 사실 대단한 양이지요."

"흠, 많긴 많구먼. 그래, 그 책으로 무얼 한다고 하던가?"

"대기업이라 그런지 전 사원에게 교육용 교재로 쓴다고 들었습니다. 좋은 일이지요, 직원들의 교육에 투자하는 건요."

"그렇긴 하구만. 그런데 무턱대고 그 가격에 공급할 수는 없지 않나? 적어도 회사에 손해를 끼칠 만한 금액이면 안 될 테니 말일세."

"그래서 저희도 고민 중입니다. 원가를 정확히 뽑아야 하는데,

저희가 한 계산이 맞는 건지 아무래도 교수님이 봐주셨으면 해서요."

"어허, 원가계산이라…."

교수의 눈동자에 빛이 더해진다. 그렇지 않아도 지금 쓰고 있는 원고에 대한 생생한 내용이 필요한 터였는데, 생각지도 않게 교수법을 펼칠 기회가 오자 내심 흐뭇하다.

유교수의 가방에서 흰 종이가 나온다. 벌써 강의를 시작할 태세다. 회의실이 강의실로 변하는 순간이다.

"자, 이팀장. 그럼 우리부터 시작해볼까요. 지난번에 재무회계에서도 원가의 개념을 잠시 언급했었는데 기억이 나나요?"

"네, 교수님. 무언가를 얻기 위해 대신 내준 어떤 것이라고. 지불한 현금이나 용역과 같은…."

"맞아요. 재무회계에서 원가는 재화나 용역을 획득하기 위해 치른 희생을 얘기하지요. 지불된 현금이나 이전된 재산, 제공된 용역 같은 것으로 측정돼요. 그런데 관리회계에서 원가는 여러 가지 뜻으로 사용되지요. 그 이유는 여러 형태의 원가들이 존재하기 때문이고, 또 이 원가들이 관리자의 그때그때 요구에 따라 다르게 분류될 수 있기 때문이죠. 물론 이 전제는 이팀장이 재무회계와 관리회계의 개념을 알고 있다는 데서 출발하는 겁니다."

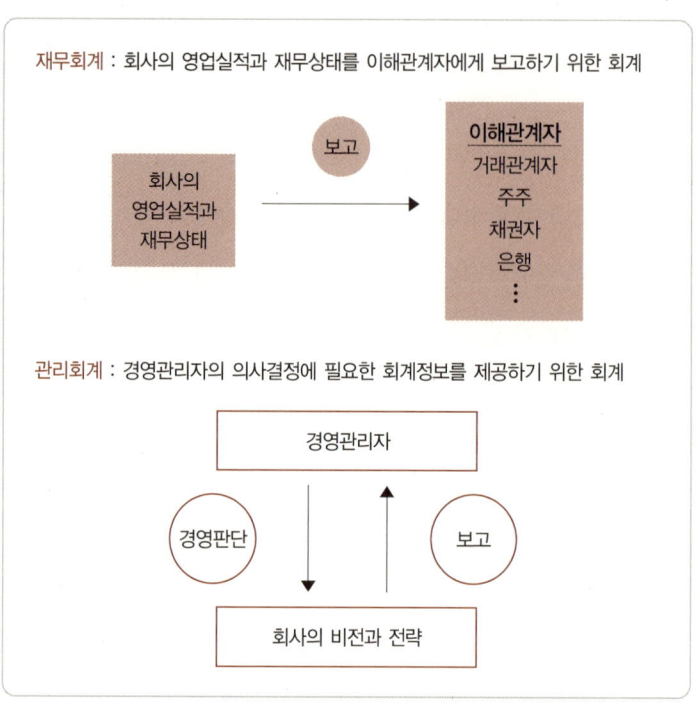

흰 종이가 어느새 교수의 글씨로 채워지고 있다.

"이팀장, 내 책에 대한 원가를 물으면 어떻게 대답할 건가요?"

"음…, 저희도 책을 출간하기 전에 대략적인 원가를 내보니까요, 그때 계산한 원가를 알려드리면 되지 않을까 싶은데요. 물론 이 원가가 아주 정확한 자료는 아니지만요."

"허허, 이런…. 우리 이팀장도 그렇구먼. 그렇게 답하면 안 돼요. 관리회계의 목적이 뭐라고 했지요? 경영판단에 필요한 회계

정보잖아요. 원가가 얼마냐고 상사가 물어볼 때 '네, 권당 2천 원입니다' 하고 대답하면 그건 좋은 답이 아니에요. 이팀장이 먼저 물어봐야 할 말이 있어요. '그 원가는 어디에 쓰실 겁니까?' 하고 말이에요. 아까도 얘기했지만, 관리회계에서 쓰는 원가개념은 워낙 다양하잖아요. 어떤 의사결정에 쓰일 원가인지 알아보고, 그 목적에 적합한 원가정보를 제공하는 것이 중요해요. 묻자마자 정확한 숫자를 대는 건 일단 좋아 보이긴 하겠지만, 사실 나쁜 답이에요."

교수의 이야기를 듣고 있는 이팀장의 얼굴이 약간 붉어진다.

"휴~ 부끄러워지려 합니다, 교수님. 정말 모르고 지나칠 뻔했어요."

"괜찮아요. 이제라도 알면 되는 거지요. 좋은 회계책임자는 누군가 원가에 대한 자료를 요구할 때, 보다 구체적인 배경설명과 함께 자료요청을 하도록 유도하는 게 중요해요. 관리자가 어떤 용도에 쓰려고 원가자료를 요구하는지 먼저 확인하고, 거기에 맞는 원가자료를 제공하도록 노력하는 것이 그 사람의 임무니까요. 목적이 무엇이냐에 따라 상이한 원가가 얼마든지 도출된다는 것을 잊지 말아요."

"네, 교수님. 그런데 저희가 원가를 낼 때는 보통 직접비와 간접비로 나누는데, 이게 원가를 계산하는 올바른 방식인가요?"

"출판은 일종의 제조업*으로 볼 수 있으니, 일단은 제조원가와 비제조원가로 나누는 것을 생각해볼 수 있지요. 지금 얘기한 것이 그 예에 해당하는 거고요."

"그렇다고 해도 원가는 그 목적에 적합하게 도출하는 것이라고 하셨으니, 저희가 책의 원가를 낼 때도 다른 방법으로 원가계산을 할 수 있다는 거네요, 그럼?"

"하하, 이해가 빠른데요. 일단은 제조원가를 생각해볼 수 있겠죠. 말 그대로 어떤 재화를 만들어내는 데 필요한 비용이라고 생각하면 되죠. 제조원가를 구성하는 세 가지 요소가 있어요. 혹시 알아요?"

"음, 일단 재료비요. 저희 같으면 종이가 필요하니까."

"좋아요, 그럼 더 생각나는 건 없어요?"

"인건비요. 저희가 받는 것도 있고, 다른 인건비들이 많이 나가니까. 그리고 아마 마케팅이나 관리에 필요한 간접비. 이런 정도 아닐까요?"

"하하, 맞아요. 좀더 정확히 얘기하자면 직접재료비**, 직접노

---

* 제조업은 노동자의 노력과 생산시설의 상용을 통해 원재료를 완제품으로 전환시키는 업종을 말한다. 이와 대조적으로 상품매매업은 제조업체나 외부구입처로부터 사들여온 완제품을 판매하는 것이다. 제조된 상품의 원가는 직접재료비, 직접노무비, 제조간접비라고 하는 세 가지 기본요소들로 구성된다.

무비***, 제조간접비****라고 얘기하면 돼요. 그런데 마케팅이나 관리에 필요한 비용은 비제조원가에 속한다고 보면 되고. 이렇게 제조원가와 비제조원가로 나누는 방법은 그 상품의 '제조'에 얼마나 관련성이 있나 하는 것으로 분류하는 방법인 셈이지요."

유교수는 하고 싶은 얘기가 아직 많이 남은 눈빛이다. 반면 이팀장은 원가계산이라는 것이 생각보다 꽤 복잡하고 앞으로 가야

** 제품을 제조하는 데는 여러 종류의 재료들이 투입된다. 이들을 통상 원재료라 한다. 원재료란 말이 기본적이고 천연적인 자원을 말하는 듯하지만 천연재료도 제품에 드는 재료에 포함되고, 목재회사의 완제품이 건설회사의 원재료가 되는 것처럼 한 업체의 완제품도 다른 업체에는 원재료가 될 수 있다. 직접재료란 회사의 완성된 제품의 중요한 부분이 되며, 쉽게 추적될 수 있는 재료를 말한다.

*** 제품의 생산과정 중 직접 제품에 손을 대면서 제공된 노동비를 말하며, 추적도 쉽다. 제품 조립라인의 근로자, 목수, 기계운전자들의 노동에 드는 비용이 그 예다. 제품에 물리적으로 추적될 수 없다거나 추적이 가능하더라도 직접 대응이 쉽지 않은 노무비들은 간접노무비라고 한다. 예를 들어 공장청소원, 감독자, 재료취급자, 기술자 또는 야간수위들에게 지급되는 노무비 등이다. 이들의 노력이 제품을 생산하는 데는 꼭 필요하지만, 이들에게 지급되는 노무비를 제품의 각 단위에 정확히 관련시키는 것은 거의 불가능할 뿐 아니라 비실용적이다.

**** 제조간접비는 직접재료비와 직접노무비를 제외한 모든 제조비용을 포함하는 것이다. 이에 해당되는 것들로 간접재료비, 간접노무비, 공장시설과 관련된 광열비, 재산세, 보험비용, 감가상각비, 수선유지비, 그 밖의 제조부문을 운영하는 데 드는 모든 비용들을 들 수 있다. 어떤 재료들은 완제품을 생산하는 데 아주 중요한 부분이면서도 제품만 보고서는 추적하기 어려울 때도 있다. 철제서류함을 만들 때 사용된 용접물이나 가구를 생산할 때 들어간 접착제 등을 생각하면 된다. 이런 용접물질이나 접착제를 간접재료라고 하며, 제조간접비에 포함시킨다. 단, 기업에는 판매 및 관리에 관련된 광열비, 재산세, 보험비용, 감가상각비 등도 발생하는데, 이들은 제조간접비에 포함되지 않는다. 공장을 운영하는 데 관련된 비용들만이 제조간접비에 속한다. 같은 감가상각비라도 기계의 감가상각비는 제조간접비이고, 본사 건물의 감가상각비는 일반관리비에 해당된다.

할 길이 멀게만 여겨져 어깨가 무거워지는 느낌이다. 한편으로는 다른 부서의 담당자들과 함께 듣는다면 오전과 같은 대답 없는 회의는 다시 하지 않아도 될 것 같은 생각이 더 강하게 들었다. 어차피 대량주문 건도 해결해야 하니 이 기회에 동료들도 원가에 대해 제대로 알게끔 해야겠다고 결심했다.

"저, 교수님! 실은 아까 제가 부탁드릴 게 있다고 했는데, 그게 좀…."

퇴직을 하고 난 후에도 여전히 바쁘게 일하는 유교수에게 시간이 얼마나 부족한지 아는 이팀장이라 부탁을 하려니 입이 잘 떨어지지 않는다.

"괜찮아요. 얘기해봐요."

"실은 저희 팀장들을 모아놓고 강의를 좀 해주셨으면 해서요. 이번에 대량주문 건도 문제지만, 내부에서 원가절감 얘기는 계속 나오고 있는데 저희 모두가 빙빙 겉으로 돌기만 하는 것 같아서 회의를 해도 결론 없이 시간만 보내기 일쑤거든요. 교수님만 괜찮으시면, 저희 모두는 이 기회에 교수님께 '원가관리'에 대해 제대로 한번 배웠으면 싶어요. 얼마나 바쁘신지 알면서 무리한 부탁을 드려서…."

말끝을 흐리는 이팀장의 목소리가 점점 기어들어간다. 그 모습을 보고 있는 교수의 얼굴 가득 미소가 퍼진다. 누군가에게 새로운 지식을 나눠주는 것이 천생인 교수는 이참에 더 재미있게 가르치는 방법이라도 연구해볼 요량이다.

"허참, 사람이 왜 그러나. 배우겠다고 선생을 찾았으면 배워야지. 나도 좀 바쁘긴 하지만, 자네들도 다 일하는 사람들이니 그리 시간을 많이 내지는 못할 테고. 흠…, 우리 그럼 가장 효율적으로 한번 해보지요. 이번 주만 지나면 나도 얼추 짬이 생기니, 다음 주에 한 두어 번 나눠서 공부를 해보지요. 허허, 나도 이렇게 가르치는 것을 좋아하니까 너무 미안해하지는 말고."

"아, 감사합니다, 교수님! 그럼 저희가 시간을 조율해서 다시 말씀드릴 테니 교수님께서 가능하신 시간을 정해주시면 준비하겠습니다."

"그래요, 연락 줘요. 나도 여러분들에게 뭐가 필요한 건지 생각을 좀더 해볼 테니…."

교수,
원가의 다양한 얼굴을 보여주다!

세 번에 걸쳐 원가에 관련된 회계수업을 듣기로 한 베스트북 출판사 식구들. 이번에야말로 자신의 제작비절감 노하우를 증명하겠다는 홍과장의 얼굴엔 비장한 표정마저 감돈다. 매번 제작비 문제로 제작팀과 옥신각신하는 디자인팀과 편집팀 또한 제대로 된 원가를 도출해서 이제는 더 이상 휘둘리지 않겠다는 다짐을 한다. 김부문장 또한 파는 것만이 능사가 아니라, 정말로 회사에 기여하는 '이익'을 실현할 수 있는 방법을 찾아야겠다는 생각으로 자리에 앉아 있다.

회의실에는 사뭇 긴장된 표정으로 열 명의 만학도와 여유롭게 책을 펼치고 있는 유교수의 모습이 보인다. 교수 앞에는 이번에 집필 중인 것으로 보이는 원고뭉치와 색색의 보드마카가 놓여 있다. 화이트보드가 걸려 있는 회의실이 강의실로 그 용도를 전환했다.

"흠, 안녕하세요, 여러분. 그렇지 않아도 내 책을 잘 만들어주고 열심히 팔아주어서 고맙다는 인사를 해야겠다 생각하고 있었는데 이런 기회로 만나게 되었네요. 다들 아시겠지만, 『회계학 리스타트』를 쓴 유교수입니다. 이렇게 강의를 통해 만나게 됐으니, 여러분도 세상에서 가장 재미있는 회계를 경험해보길 바랍니다."

'안녕하세요', '안녕하십니까?', 다들 교수를 향해 인사를 한다. 모두에게 새로운 배움에 따른 긴장감이 역력하다.

"자, 우리가 세 번 만나기로 한 걸로 알고 있는데, 맞나요?"

"네."

"여기 오기 전에 이팀장으로부터 여러분이 재무회계와 관리회계의 상이점이나 기본적인 것들은 인지하고 있다고 들었어요. 이 강의에서는 원가에 대해, 그 중에서도 요즘 가장 많이 사용하는 고정비와 변동비에 대해 알아보고, 또 원가를 가지고 내보는 손익분기, 좀더 나아가 우리가 만들어 파는 제품이 회사에 얼마나 공헌을 하고 있는지 알 수 있는 공헌이익까지 한번 알아봅시다. 그리고 그때그때 부족한 걸 더 채워 넣는 방식으로 하지요. 궁금한 게 있으면 언제든 주저하지 말고 물어보세요. 그래야 나도 여러분이 어디까지 따라오고 있는 건지 알 수 있으니까요."

"네!"

"자, 시작해볼까요. 내가 며칠 전에 여기 이팀장이랑 원가 얘기를 잠깐 했었는데 말이죠. 우리가 원가, 원가 하지만 관리회계에서 쓰는 원가는 그 개념이 아주 다양해요. 특히 여러분처럼 회사 내부에서 필요한 회계정보를 원하는 것이라면 그 분류방법도 여러 가지고. 일단 가능한 생산능력에 대한 실제 생산량의 비율, 그러니까 유식하게 말하자면 '조업도*'에 따라서 원가가 어떻게 반응하는지 알아보는 방법도 있는데, 이 분류법은 여러 상황에서 비용을 예측할 수 있다는 점에서 관리자의 의사결정을 돕지요. 조업도가 변함에 따라 원가가 어떻게 변할 것인가에 대한 충분한 이해 없이 의사결정을 내리면 낭패를 보는 수가 생겨요. 그저 생산량을 두 배로 늘리면 이익도 두 배가 날 거라는 생각으로 생산량을 늘렸는데, 비용이 수익보다 큰 경우도 왕왕 있거든요."

"그럼 원가계산이 관점에 따라 다른 결과를 보여준다는 말씀이신가요?"

"그렇다고 볼 수 있죠. 일단 여러분이 필요한 원가는 재무제표를 만들기 위한 것이 아니라 실제적인 경영판단에 필요한 원가잖아요. 회사 내부의 의사결정이나 경영판단을 위해 회계정보를 모으는 것을 우리는 관리회계라고 불러요. 그리고 이 관리회계는 판단자에 따라 그 보는 관점이 다 달라요. 음, (김홍철 마케팅부문장을

---

* 조업도(activity base)는 변동비가 발생하게끔 하는 원동력으로서 작용하는 작업량이다. 자동차의 생산대수, 휴대전화의 생산량, 호텔의 객실이용률, 병원의 사용되고 있는 병상의 수 등이 모두 조업도다.

가리키며) 여기 김선생, 김선생이 이 회사의 사장이라고 합시다. 사장은 회사 전체를 조망하는 눈이 필요하지요. 경영자는 먼저 경영목표를 정하고, 그 다음에 환경변화를 예측해서 계획을 세우고, 그 계획을 실현하기 위해 자본을 재분배하지요. 그게 사람이든, 돈이든. 그리고 이 모든 것을 실제 업무활동에 투입하고, 통제하지요. 그럼 사장이 알고 싶은 건 뭐겠어요?"

"회사의 이익률 같은 거 아닐까요?"

김부문장의 답변이다.

"그렇지요. 좀더 멋지게 표현해봅시다. 자신의 경영판단이 제대로 잘 돌아가는지 전체적인 조망을 원하지요. 그럼 홍과장님, 홍과장은 뭘 볼까요? 전체적으로 보는 눈도 있지만, 홍과장이 제일 중요하게 여기는 건 제작부서에서 얼마나 회사의 자원을 효율적으로 사용하고 있는가 아니겠어요?"

"네, 맞습니다. 저희 부서가 지출이 가장 큰 부서니까요."

"하하, 아주 열심인데요. 애사심이 뛰어나군요. 이런저런 시각에 맞춰 원가를 분류할 수가 있어요. 제조원가와 비제조원가처럼 제조활동에 얼마나 관련이 있는지 여부로 원가를 분류하는 방법도 있어요. 전통적으로 가장 많이 사용해온 방법이기도 하고, 제조과정의 복잡성이나 가격, 이와 관련된 의사결정을 위해 원가를 통제하려고 사용한 방법이지요. 특히 기업들이 원가에 대한 통제를 강화하고 관리자에게 더 유용한 원가자료를 제공하려는 시도를 하고 있어서 요즘엔 비제조원가에 대한 관심이 더 높아지고 있는 추세지요. 흔히 우리가 판관비라고 얘기하는 판매비와 관리비가 여기에 속해요."

"교수님, 그럼 저희가 사용하는 광고비, 운송비, 물류비, 생산에 직접 관여하지 않는 부서의 인건비 같은 건 다 비제조원가에 속하는 건가요?"

탁자의 제일 앞에서 열심히 적고 있던 디자인팀장의 질문이다.

"맞아요. 제조원가와 비제조원가의 분류는 실무에서도 종종 혼동하는 경우가 많은데, 이런 그림을 하나 떠올려보면 좋을 것 같아요."

교수가 보드에 그림을 그린다.

"자, 그림이 좀 우습긴 하지만 잘 보세요. 예전에 학생들이랑 수업할 때도 이 그림을 가지고 설명을 했거든요. 같은 부지 안에 공장과 사무실이 같이 있다고 생각해봅시다. 이 그림에서 공장이라고 표시된 부분에서 발생한 원가는 제조원가라고 보고, 사무실이라고 표시된 부분에서 발생한 원가는 비제조원가라고 생각하면 되겠지요. 간단하게 말해서 같은 '급료'라는 지출항목이 있다고 하더라도 공장을 지키고 있는 경비원의 급료는 제조원가, 사무실을 지키는 경비원의 급료는 비제조원가로 봐서 일반관리비의 일

❖ 제조원가와 비제조원가

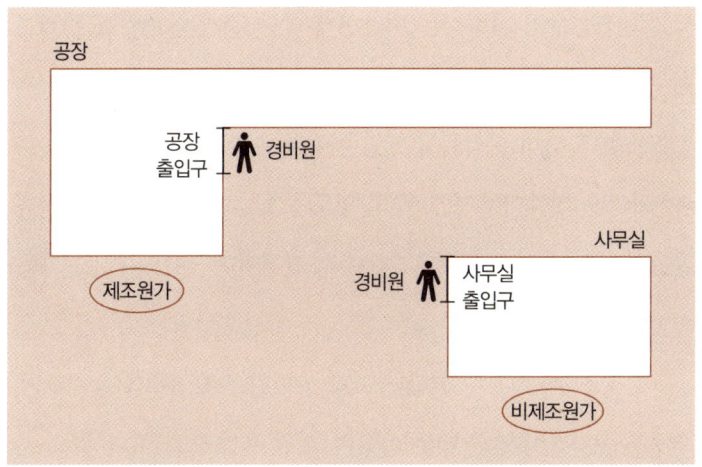

부로 보는 겁니다. 마찬가지로 공장에서 사용한 전기료는 제조원가, 사무실에서 사용한 전기료는 비제조원가로 봅니다. 생각보다 간단하지요?"

간간히 '아~' 하는 추임새가 들리는 것으로 보아 이 부분은 쉽게 이해를 한 것 같다. 좌중을 둘러보던 유교수가 목소리를 가다듬으며 다음 단계로 넘어갈 채비를 한다.

"자, 여러분, 이 외에도 원가를 분류하는 방법은 많습니다. 여기서 몇 가지 개념 정도는 알아둬야 하니까 간단하게 정리해봅시다. 일단 직접비와 간접비를 생각해볼까요? 아, 그전에 우리가 지금

자꾸 제조원가, 제조원가, 하는데 제조원가를 이루는 3요소는 알고 계시죠? 우리 이팀장은 지난번에 나랑 잠시 이야기를 나눴는데, 이팀장이 한번 얘기해보죠."

뭔가를 열심히 뒤적이고 있던 이팀장이 깜짝 놀라며 고개를 든다. 기억을 더듬어보지만, 딱히 떠오는 건 재료비뿐이다. 어떻게 말을 꺼내야 할지 망설이다 "재료비, 인건비…" 하며 다시 고개를 숙인다.

"허허, 이런. 시간이 지났다고 다 까먹었군요. 자, 일단 재료비, 그리고 이팀장이 말한 대로 인건비, 이걸 우리 같은 회계학자들은 노무비라고 표현하지요. 그리고 제조간접비가 있어요. 사실 대부분의 제조업에서 재료비나 노무비는 좀 있다 다시 나올 변동비에 속한다고 보지요. 그리고 제조간접비는 그 영역이 아주 방대합니다. 앞에서 얘기한 재료비와 노무비는 보통 직접적으로 사용되는 부분을 말하고, 그 밖의 것들은 거의 제조간접비에 들어간다고 보면 되지요. 여기 회의실 문을 생각해보면 나무, 손잡이, 이런 것들은 직접적으로 사용되니까 직접재료비에 해당하지만, 여기 접착제나 망치 같은 기타 장비를 사용하게 되는데 이런 걸 간접재료비라 하고, 이 문을 만든 공장의 직원에게 지불하는 급여(직접노무비) 말고 완제품을 운반하거나 재료를 수급하는 과정에서 발생하는 또 다른 급료도 있겠고, 수도광열비나 수선비용 같은 아주 많은 것들이 이 제조간접비에 들어가요. 우리가 원가를 생각할 때는 이 세 가지 요소를 다루고 있다는 걸 꼭 기억해둬야 합니다."

유교수의 이야기를 받아적는 손들이 분주하다.

"자, 긴장 푸시고 다시 원가로 돌아가봅시다. 직접원가와 간접원가는 더 간단해요. 제품에 직접적으로 대응 가능하고, 보통 비례적으로 투입되는 비용들이 직접비에 속하지요. 여기는 출판사니까 종이가 가장 대표적이겠네요. 인쇄하는 분량이 늘어날수록 종이의 양이 많이 필요할 테니. 이게 바로 직접원가, 즉 직접비라고 합니다. 간접원가는 어디 한군데 특정부문에 속한다고 보기 어려운, 그러니까 공통적으로 사용되는 경비들이 여기에 속해요. 소모품비나 기계수선비 같은 것들을 생각하면 됩니다. 그래서 혹자는 이 간접원가를 공통원가(common cost)라고 부르기도 하지요. 직접비와 간접비를 나누는 건 그다지 큰 의미는 없어요. 어떤 제품의 원가를 이 원가가 관련된 제품에 귀속시킬 수 있느냐 여부 정도를 따진다고 생각하면 될 것 같아요. 자, 여길 보세요."

교수가 보드에 쓱쓱 그리는 그래프에 사람들의 눈이 자꾸 커진다. 간단해 보이기는 해도, 얼마 만에 접하는 그래프인가.

"아무래도 실제로 기업을 운영하는 데 있어서 예산을 세우고 집행하고 통제하는 방법으로 가장 유용하게 쓰이는 분류방법은 조업도에 따라 원가가 어떻게 반응하는지 알아보는 거지요. 말이 좀

❖ 고정비와 변동비

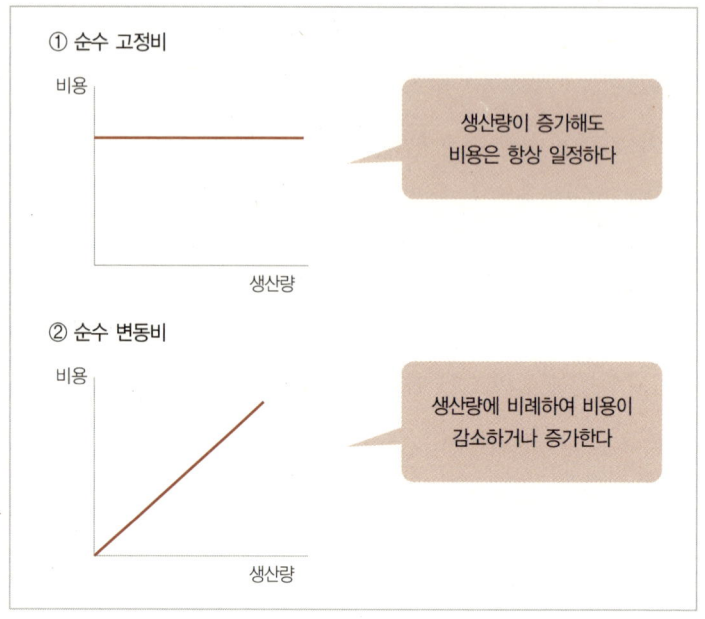

어렵지요? 쉽게 말해 변동비와 고정비로 분류하는 것을 말하는 겁니다. 첫 번째 그림을 보면 생산량에 관계없이 들어가는 비용이 항상 일정하지요? 그에 비해 두 번째 그림은 생산량의 증감에 따라 들어가는 비용이 증감하는 모습을 보이고요. 자, 첫 번째 그림처럼 조업도에 관계없이 항상 일정한 비용을 고정비, 두 번째 그림처럼 변하는 비용을 변동비라고 합니다. 물론 다 이렇게 간단하기만 하면 얼마나 좋겠습니까? 그래서 제가 저 앞에 '순수'라는 말을 집어넣은 겁니다."

모두가 '그럼, 그렇지' 하는 표정이다.

"그럼 더 가볼까요? 자, 먼저 어떤 제품의 원가를 낼 때, 변동비나 고정비만으로 낼 수 있는 게 있는가 하면 이 두 가지가 혼합된 것도 있어요. 혼합원가(준변동원가)라고 부르는데 생산량(조업도)의 변화와 관계없이 발생하는 일정액의 고정원가와 생산량에 따라 단위당 일정비율로 증가하는 두 부분으로 구성되지요. 음, 보통 기계장치를 리스(lease)하는 경우에 이런 혼합원가로 구할 수 있는데, 여기는 리스해서 쓰는 게 뭐가 있나요? 아니면 그런 게 없나요?"

"아, 저희도 저기 있는 복사기를 임대해서 쓰고 있습니다. 말씀하신 혼합원가에 해당되는 것 같은데요. 복사기의 사용 여부를 제외하고 매월 일정액의 기본료가 있거든요. 그 다음에 사용량을 계산하는 방식입니다."

이번에도 역시 제작팀의 홍과장이 제일 먼저 대답을 한다.

▼ 변동비와 고정비의 행태

원가	원가행태	
	총액	단위당
변동비	조업도가 변함에 따라 정비례하여 증가한다	단위당 변동비는 항상 일정하다
고정비	총고정비는 조업도의 변화에 영향을 받지 않는다(즉 총고정비는 조업도에 관계없이 항상 일정하다)	조업도가 높아질수록 작아지고, 조업도가 낮아질수록 커진다

"맞아요. 그런 방식으로 원가를 계산하는 겁니다. 이런 예는 어떤가요? A라는 회사가 어떤 기계장치를 연간 250만 원의 기본료와 사용시간당 100원을 지불하기로 하고 리스계약을 체결했다고 생각해보세요. 1년 동안 이 기계를 사용한 시간이 총 3만 시간이었다면, 기계의 리스료는 300만 원의 변동비와 250만 원의 고정비를 합한 550만 원이 될 겁니다. 이것도 그래프로 한번 볼까요?"

좀전에 그린 고정비와 변동비 그래프보다 조금 복잡한 그래프가 보드에 그려진다.

"어때요, 그래프로 보니까 좀더 이해하기 쉬운가요? 단, 변동비라고 해서 수량과 비용이 꼭 비례하는 건 아니에요. 어떤 경우에는 그래프로 그리면 계단처럼 나타나는 경우도 있어요. 또 고정비라고 해서 획일적으로 정해지는 것이 아니라는 것도 알아둬야 해요."

쓱싹, 쓱싹. 교수가 보드 위에 또 다른 그래프를 그린다.

▼ 혼합원가의 예

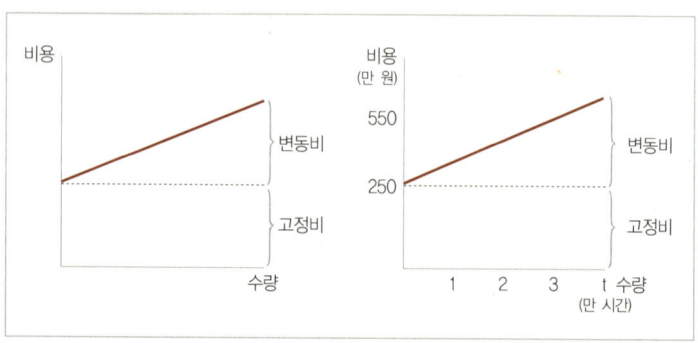

"자, 첫 번째 그래프는 혼합원가에서 본 그래프죠. 이런 형태는 준변동비라고 불러요. 그리고 두 번째 그래프가 바로 계단식으로 나타나는 혼합원가죠."

교수의 강의를 듣는 사람들의 반응은 제각각이다. 연신 고개를 끄덕이거나, 갸우뚱하거나, 종종 다른 생각에 빠져 있는 것처럼 보이는 사람도 있다. 한 사람, 한 사람의 얼굴을 바라보는 교수도 살풋 고민에 빠진다. 좀더 자세한 설명이 필요한가, 아니면 여기서 그만 멈추고 진도를 나가야 할까? 각기 다른 부문을 맡고 있는 청중을 앞에 두고 강의를 하는 것이 생각보다 쉽지 않다는 생각을 한다. 잠시 침묵이 내려앉는다 싶었는데, 손을 번쩍 드는 이가 있으

▼ **혼합원가의 다른 예**

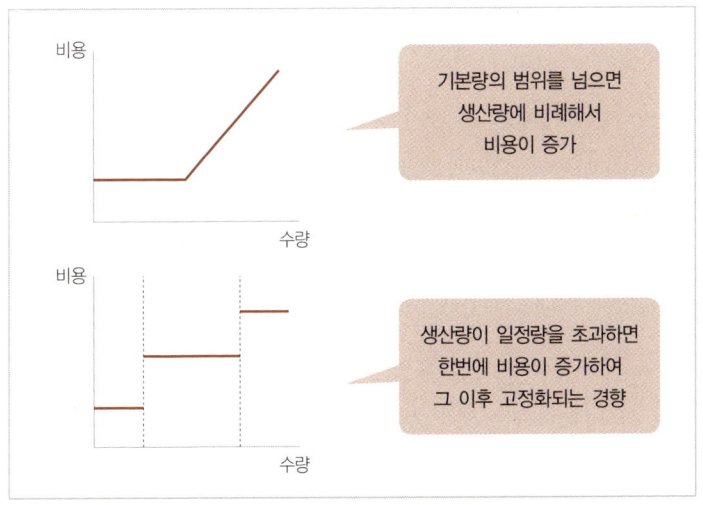

니 아니나 다를까 홍과장이다.

"아, 홍과장. 궁금한 게 있나요?"

"출판사 같은 경우는 신간도서가 나오면 홍보비를 꽤 많이 쓰거든요. 책마다 다르기는 하지만, 중요하다고 생각되는 책이 나오면 보통 정해놓고 사용하던 광고홍보비를 훨씬 초과해서 사용하곤 합니다. 이런 건 어떻게 봐야 할까요?"

"좋은 질문입니다, 홍과장! 고정비도 두 가지로 나눌 수 있어요. 우선 일정한 금액을 지출하는 기본고정비가 있죠. 가장 쉬운 예를 찾자면, 임대료를 들 수 있어요. 임대료는 생산량에 상관없이 매월 고정액을 지급해야 하는 거니까. 그리고 1년이나 분기별로 관리자가 그 비용을 지출할 것인지 아닌지 결정하는 것에 따라 발생하는 임의고정비가 있어요. 광고비나 연구비 같은 게 이 임의고정비에 해당하지요. 아, 직원훈련비도 여기에 속하겠네요. 임의고정비는 기본고정비와 두 가지 다른 점이 있는데, 기업에서 예산을 보통 1년 단위로 잡으니 다른 비용에 비해 계획기간이 상당히 짧다는 거지요. 그리고 갑자기 회사 경영이 어려워지거나 대외적인 환경에 따라 단기간 축소시켜도 조직의 장기적인 목표에 크게 영향을 미치지 않는다는 점이지요. 광고비나 직원훈련비를 줄이는 것은 그 여파가 공장의 일부를 처분하는 것과는 꽤 다를 테니 말이에요. 그러니 홍과장이 얘기한 광고비도 임의고정비에 들어간다고 보면 되지요. 물론 광고비의 지출액을 결정하는 건 일종의 경영판단이지만."

유교수는 좌중이 강의내용을 충분히 소화할 수 있도록 잠시 틈을 두었다. 그리고 잠시 후, 보드 위에 또 다른 그래프를 그린다. 조금 전에 그렸던 계단 모양이다.

"어디서 많이 봤다 싶죠? 앞서 설명했던 계단식 혼합원가 같기는 하지만, 계단이 차지하는 범위가 다르지요? 이런 경우처럼 고정원가의 한 계단이 넓을 때는 순수고정원가로 취급하는 방법을 사용하기도 해요. 복잡한 원가계산을 그나마 간단하게 추정할 수 있도록 한 것인데, 이때 사용하는 개념이 바로 관련범위*라는 것입니다. 한 계단이 차지하는 범위의 넓고 좁음은 조업도 수준에 따

▼ **혼합원가의 관련범위**

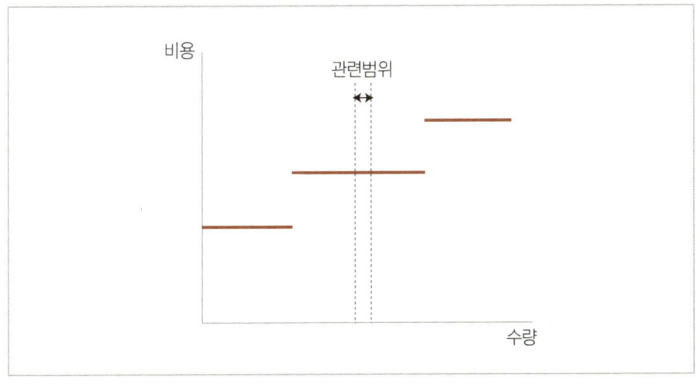

라 달라집니다. 예를 들어 한 자동차회사에서 모든 공장라인을 풀가동한다면, 매년 최대로 생산할 수 있는 능력이 600만 대라고 가정합시다. 그럼 이 회사는 무조건 600만 대의 자동차를 생산할까요? 자동차도 경기를 타는 제품인데 말이죠. 게다가 전 공장을 한 번도 쉬지 않고 가동한다는 것도 좀 어렵지요. 분명 어느 공정이건 크든 작든 문제가 발생하는 부분이 나올 거예요. 부품조달이 제시간에 안 되거나 하는 등의 문제가 생길 수도 있죠. 그러니 600만 대라는 수치는 사실 가능한 숫자가 아닙니다. 경기도 좋고, 공장이 잘 돌아간다고 해도 580만 대 정도 생산하는 것이 이 자동차회사가 제조할 수 있는 최대 수치입니다. 이건 좋은 경우지만, 혹 경기가 아주 나빠서 자동차가 안 팔린다고 가정합시다. 그렇다고 생산을 중지해야 할까요? 그렇지는 않지요. 아무리 경기가 나쁘다 어쩐다 해도 최소한 550만 대 정도는 팔아요. 이처럼 복잡한 혼합원가도 제한된 범위에서는 이렇게 직선의 고정비로 꽤 비슷하게 추정할 수 있어요. 지금 얘기한 자동차회사의 예를 생각하면 550만 대에서 580만 대 사이가 그것인데, 이 범위를 관련범위라고 하는 겁니다. 아주 넓은 범위에서 보면 계단식 혼합원가로 보이지만, 관

● 어느 기업에서 실제로 발생할 수 있는 조업도의 구간을 관련범위라고 한다. 일반적으로 관련범위는 0에서 무한대(∞)가 아니라 아주 좁은 범위에 국한된다.

▼ 제조원가를 나타낸 여러 가지 형태의 그래프

그래프 형태	사례
비용 (수평선) / 수량	고구려철강(주)은 태안지역에 공장을 신설하면서, 그 공장의 감가상각비를 매년 정액으로 계산하기로 했다.
비용 (우상향 직선) / 수량	여성용 가방을 생산하는 (주)팬더의 원재료비.
비용 (계단식 하락) / 수량	남송시는 최근 산업기반시설을 유치하면서, 한국섬유개발(주)에 기계가동시간이 20만 시간 이하이면 고정요금을 지불해야 하고, 그 시간 이상 가동되면 임차료를 지불하지 않아도 된다는 계약을 맺었다.
비용 (수평 후 우상향) / 수량	신화백화점의 전기요금청구서. 일정한 킬로와트까지는 균등하고, 그것을 초과하는 시간에 비례하는 변동비를 더한 것이다.

유교수, 쫀쫀한 원가시스템을 그리다

그래프 형태	사례
(비용 vs 수량: 높게 시작해 감소 후 평평)	남송시는 광속자동차 공장을 새로 유치하면서 다음과 같은 조건의 계약을 맺었다. 임차료는 매월 10만 원으로 책정하되, 공장가동시간 20만 시간을 초과하여 작업한 공장가동시간마다 1원을 차감한다. 단, 최소한 매월 2만 원의 임차료는 지급해야 한다.
(비용 vs 수량: 가파르게 상승 후 완만하게 상승)	㈜팬더는 원자재료 사용하는 가죽을 인도네시아로부터 수입하고 있다. 인도네시아 현지 업체는 대량판매를 위해 최초에는 단위당 250원에 공급하다가, 100단위 이상 구입한 이후에는 단위당 5원씩 그 가격을 인하해준다.
(비용 vs 수량: 평평 → 상승 → 평평)	거창산업개발㈜은 포크레인을 리스해서 사용하고 있다. 리스대금으로 최소한 1천 원을 지불해야 하며, 400시간 이상 가동시에는 시간당 2원씩 추가 납부하는 것으로 X-리스와 계약을 체결했다. 단, 이 리스계약의 최고임차료는 2천 원으로 고정되어 있다.
(비용 vs 수량: 계단형)	M-매직의 서비스센터에 근무하는 기술직 직원의 임금은 다음과 같다. 정수기 매 1천 대마다 A/S 직원 1명이 필요하다.
(비용 vs 수량: 평평 후 급격히 상승)	A사의 수도요금 청구서 처음 100만 리터 이하 1천 원으로 일정 그 다음 1만 리터 사용된 리터당 3원 그 다음 1만 리터 사용된 리터당 6원 그 다음 1만 리터 사용된 리터당 9원

련범위로 좁혀 보면 순수고정비라고 볼 수 있어요. 당연히 이렇게 비교적 좁은 범위 안에서 원가를 추정하는 것이 훨씬 유리하겠지요. 어때요, 이해가 가나요? 실제로 기업에서는 이 혼합비용도 변동비 부분과 고정비 부분을 잘라내서 분류하는 것을 볼 수 있습니다. 이렇게 조직에서 발생하는 모든 비용을 변동비과 고정비로 구분해내면 경영의사결정에 큰 도움이 돼요.●"

약간의 여유를 두고, 유교수가 강의를 재개한다.

"원가 분류방법은 아주 많답니다. 지금까지 한 것 외에도 의사결정과 관련하여 원가를 분류하는 방법도 있어요. 이 부분은 여러분들이 잘 알고 있을 것 같은데…. 경제학에서도 단어만 다르게 똑같이 사용하고 있는 개념들이 있거든요. 자, 여러분의 기억을 되살려봅시다. 보통 의사결정을 앞둔 관리자는 여러 대안들을 서로 비

● 다시 말하지만, 기업에서 발생하는 많은 비용들을 변동비와 고정비로 양분해내면 많은 경영의사결정들을 보다 쉽고 빠르게 행할 수 있다. 이렇게 비용을 분류하는 데 걸림돌이 되는 것이 있으니 그것이 바로 '혼합원가' 들이다. 순수변동비와 순수고정비는 그 자체로 분류가 간단하게 끝나지만, 대부분의 비용들이 고정비와 변동비의 혼합 형태로 나타나 분류를 어렵게 한다. 그러나 관련범위 개념을 적용하면 이 문제를 좀더 쉽게 해결할 수 있다. 앞에서 보았던 계단식의 혼합비용들은 관련범위 속에서는 순수고정비나 다름없다. 또한 다른 여러 비용들도 관련범위 속에서의 모습을 앞뒤로 연장해 y=ax+b(x : 생산량 또는 조업도, y : 비용발생액)의 함수형태로 나타낼 수 있다. 즉 생산량에 따라 증가하는 a만큼의 변동비와 생산량에 관계없이 일정하게 발생하는 b만큼의 고정비로 분류해낼 수 있다. 이런 분석과 노력을 통해 모든 비용을 변동비와 고정비로 분류해내면 공헌이익 개념을 활용한 경영의사결정이 가능해져 새로운 관리회계의 세계를 만날 수 있는 것이다.

교하지요. 어떤 선택을 해야 최소의 비용으로 최대의 효과를 거둘 수 있는지 고민하는 것이 관리자의 일이니까요. 그렇지만 대안마다 비용이 다르고, 또 거기 사용되는 비용은 다른 가능한 대안들의 비용과 비교됩니다. 특정 대안에는 존재하나 다른 대안에는 존재하지 않거나 혹은 금액이 다른 비용을 차액원가라고 하지요. 출판사는 보통 도서 거래를 어떻게 하나요? 큰 도매상에 책을 주면, 그 쪽에서 중소서점들로 자신들의 마진을 제하고 공급해주는 걸로 알고 있는데, 맞나요?"

"네, 맞습니다. 예전에는 총판거래를 많이 했지요."

수업을 시작하고 처음으로 김부문장이 입을 열었다.

"그럼 이보다 수익을 더 올리고 싶다면 어떤 방법들이 있을까요? 아무래도 김부문장이 제일 잘 알고 있을 것 같은데…."

	총판	직거래	차액원가와 수익
수익	700,000	800,000	100,000
매출원가	350,000	400,000	50,000
광고비	80,000	45,000	(35,000)
판매수수료	0	40,000	40,000
창고 감가상각비	50,000	80,000	30,000
기타비용	60,000	60,000	0
비용합계	540,000	625,000	85,000
순이익	160,000	175,000	15,000

"요즘은 작은 서점들이 많이 사라진 상태라 대형서점과는 직거래를 많이 합니다. 저희 물류창고에서 바로 그 대형서점 물류창고로 책을 직접 공급하는 형태를 취합니다. 일단 중간 단계가 하나 빠지니까 출판사의 수익률이 좀 높아질 거라는 생각에서…."

"음, 그럼 이렇게 계산해볼까요?『회계학 리스타트』100권에 대해 기존의 판매방식을 통해 얻는 수익이 70만 원, 직거래를 했을 때의 수익이 80만 원이라면, 이 표에서 보듯이 차액수익은 10만 원이지요. 두 방식을 비교해보면 비용 중에 늘거나(증분원가) 준 것(감소원가)이 있어요. 새로운 방식에 의한 차액비용도 보이지요?"

"네, 8만 5천 원이요."

눈으로 열심히 표를 읽던 베스트북 직원들이 이구동성으로 대답한다.

"맞아요. 그 금액을 차액비용이라고 해요. 이렇게 새로운 거래방식(직거래)을 통해 결과적으로는 순이익이 1만 5천 원 증가했죠. 허허, 이렇듯 경영자라면 의사결정을 할 때 여러 대안을 비교하는 게 일상적인 겁니다. 용어가 입에 잘 붙지는 않겠지만, 그래도 실무에서 많이 사용되는 것이니까 잘 알아두면 좋아요."

또 다시 홍과장이 손을 들고 질문을 한다.

"대안들이 여러 개 나오면 어떻게 하나요? 그걸 일일이 따져보기가…."

홍과장과는 지난번 인쇄소에서 잠시 인사를 나눈 바 있는데, 꽤 예리한 구석이 있는 친구다. 일단 숫자에 대한 감도 있는 것 같고, 원가에 대해서는 누구보다 열심히 배우려는 것 같아 유교수도 힘이 솟는다.

"하하, 그렇지요. 저렇게 가능한 대안이 하나만 있는 경우는 드물어요. 그럴 경우에는 한 가지만 기억해두세요. 대안들에 공통적으로 발생하는 원가는 고려할 필요 없이 차이가 나는 부분만 살펴서 가장 이익이 많이 남는 걸 택하면 돼요. 신부감을 고를 때는 외모, 성격, 지성처럼 서로 다른 측면만을 살펴보면 되지, 신부감이 여자인지 아닌지를 생각할 필요가 없는 것과 마찬가지죠."

홍과장은 곰곰이 생각하는 표정이다. 뭔가 하고 싶은 말이 더 있는 것 같은데 유교수를 바라보기만 할 뿐이다.

- 기회비용(opportunity cost)은 여러 가능성 중 하나를 선택했을 때 그 선택으로 인해 포기해야 하는 가치를 말한다. 한정된 자원으로 생산활동이나 소비활동을 하는 경제생활에 있어서 경제활동은 다른 경제활동을 할 수 있는 기회의 희생으로 이루어진다. 기회비용의 관점에서 어떤 경제활동의 비용은 그것을 위해 단념해야 하는 다른 경제활동의 양이다.
- ● 매몰비용(sunken cost)은 이미 지출되었기 때문에 회수가 불가능한 비용을 말한다. 물건이 깊은 물속에 가라앉아버리면 다시 건질 수 없듯이, 과거 속으로 가라앉아버려 현재 다시 쓸 수 없는 비용이라는 뜻이다. 경제학에 있어 매몰비용은 이미 지출되었기 때문에 합리적인 선택을 할 때 고려되어서는 안 되는 비용이다. 매몰비용은 다시 돌려받을 수 없으므로, 더 이상 연연하지 않고 새로운 미래를 위해 가능성을 찾는 것이 현명한 행동이다. 예를 들어 1년 전 주당 5만 원에 X사의 주식 100주를 구입했는데 이후 몇 가지 악재가 겹쳐 1년이 지난 현재 주당 3만 원의 가치밖에 안 된다면, 이 경우 1년 전 주식을 구입한 500만 원은 바로 매몰비용이다.

"그럼 또 가볼까요? 여러분도 기회비용*이니 매몰비용**이니 하는 말은 들어봤지요? 이런 개념이 원가에도 있어요. 기회원가와 매몰원가라고 하지요. 이번에도 예를 들어볼까요? 이팀장, 기회원가의 예로 뭐가 있을까요?"

"음…, 오늘 이 자리에서 강의해주고 계신 교수님의 시간을 예로 들 수도 있을 것 같네요. 여기 오시지 않았더라면 원고를 손질하고 계셨을 텐데 지금 그 시간에 여기서 강의를 하고 계시니까, 원고작업을 하지 못하신 것이 기회원가가 되지 않을까요?"

"하하, 이팀장 말이 맞아요. 내가 이 시간에 원고를 쓰고 있었더라면 좀더 마감을 당길 수 있을 텐데 말입니다."

이팀장은 자신이 말해놓고도 원고재촉을 한 것 같아 부끄러운 모양이다. 교수가 한마디 더 건넨다.

"그런데 잊지 말아야 할 것이 있어요. 기회원가는 회계장부에는 기록되지 않지만, 관리자의 의사결정에 꼭 고려되어야 하는 부분이라는 점이지요. 포기를 했더라도 내가 무엇을 위해 그것을 포기했는지는 알아야 하지 않겠어요?"

이런저런 원가의 개념들을 배우느라 시간이 꽤 흘렀다. 강의를 듣고 있는 사람들은 꽤 지친 표정인데, 내내 서서 강의를 진행하고 있는 교수의 얼굴은 점점 더 밝아진다.

"자, 여러분, 우리 이것만 하고 오늘은 그만 합시다. 앞에서 매몰비용 얘기를 했었죠? 간단하게 말해서 매몰원가는 이미 발생한 비용으로, 현재 혹은 미래에 내려질 의사결정으로는 변화시킬 수 없는 비용을 말해요. 이것도 예를 한번 들어볼까요?"

이번에는 김부문장이 입을 연다.

"출판사의 경우 외서를 계약하고 지불하는 개런티를 들 수 있을 것 같은데요. 가끔 유명저자거나 기대치가 높은 주제일 때 그 내용 전체를 다 보지 않고도 꽤 많은 금액을, 그것도 책이 나오기도 훨씬 전에 미리 지불하는 경우가 있거든요. 예를 들어 10만 달러의 선인세를 지불하고 어떤 책의 출판권을 구입했다면, 그 책에 투자한 것이 현명한 결정이었든 아니었든 이미 지급되었기 때문에 매몰원가로 봐야 합니다. 후회한다고 달라지는 것도 아니고, 미래의 어떤 의사결정으로 10만 달러의 비용을 회피할 수 있게 해주지 못할 테니 그 지불된 비용은 이미 '떠나버린 버스'이고, 앞으로 어떤 결정을 하더라도 따라다닐 결과입니다."

"이런, 아주 적절한 예를 들어주니 내가 덧붙일 말이 없네요. 여러분은 다 이해가 가시죠?"

"네~."

아는 얘기가 나와서 그런지 모두의 얼굴 표정이 밝다.

"맞아요. 아주 예쁜 여성의 환심을 사려고 오랫동안 선물공세를 펼쳤는데 그녀가 넘어오지 않을 때, 그동안 들인 돈이 아까워서 더 선물공세를 펼칠까 고민하는 것은 좋은 생각이 아니에요. 그동안 들인 돈은 매몰원가라고 생각하고 새로운 그녀를 찾는 게 훨씬 경제적인 생각이지요. 허허, 사람 마음을 이렇게 계산적으로만 생각하면 안 되겠지만."

난이도가 높지 않은 첫날의 수업은 꽤 화기애애한 분위기에서 마무리되었다.

교수,
손익계산의 필살기를 구사하다!

오전 내내 베스트북의 회의실이 북적거린다. 오늘은 두 번째로 수업을 듣는 날. 지난번에 배운 것을 다 잊었을까 노심초사하는 출판사 식구들은 자신들이 메모한 종이를 뒤적이며 공부 중이다. 탁자 위에는 유교수가 달콤한 간식을 좋아한다는 정보를 입수한 직원들이 준비해놓은 쿠키가 가득하다. 곧이어 부산스럽게 인사를 나누는 소리가 들리고, 유교수가 회의실로 들어선다. 회의실에 있던 열 명 남짓한 직원들은 모두 일어나 인사를 한다. 기분 좋은 얼굴로 들어선 교수는 밝은 표정의 직원들과 탁자 가득 놓인 달콤한 간식을 보고 만면에 미소가 가득하다.

"잘들 있었어요? 내가 군것질 좋아하는 걸 어떻게 알고 이렇게 준비를 다…. 고마워요, 여러분!"

교수는 레몬향이 은은한 마들렌 하나를 집어 든다. 맛을 보기도 전에 달콤한 기운을 느끼는지 교수의 표정이 더 밝아진다.

"자, 다들 같이 들어요. 설마 이걸 나 혼자 다 먹으라고 하는 건 아니겠죠? 허허, 우리 공부를 시작하기 전에 잠시 잡담이나 나누며 마음을 열어봅시다. 딱딱한 분위기보다는 떠들썩한 게 좋지 않아요?"

처음에는 주뼛거리던 사람들도 점차 편한 표정으로 탁자에 다가앉아 두런두런 이야기를 꺼내기 시작했다. 이번에도 역시 홍과장이 제일 먼저 말문을 열었다.

"교수님, 저희가 지난번에 고정비와 변동비를 배웠는데요. 사실 고정비든 변동비든 비용이 지급되는 건 같은데 그렇게 구분하는 이유가 뭔지 잘 모르겠습니다. 모든 비용을 변동비와 고정비로 양분한다고 얼마나 대단한 효익이 있을까요? 회사 내부에서 발생하는 모든 비용을 변동비와 고정비로 구분하는 것도 쉬운 일이 아닐 텐데요. 시간은 물론이고 그런 일을 처리할 인력까지 생각하면 꽤 큰 비용이지 않을까요?"

교수가 시원한 홍시주스를 한 모금 마시고는 홍과장을 향해 몸을 돌린다.

"예리한 질문이네요. 그럼, 왜 그렇게 하는 걸까요?"

다들 대답을 못하고 머뭇거리자 교수가 말을 잇는다.

"우리 지난 시간에 관련범위에 대해 배웠던 것 기억하나요? 관련범위 개념과 원가의 특성을 분석하면 거의 모든 혼합비용들을 변동비와 고정비로 분리해낼 수 있다는 것도 이야기한 것 같은데…. 그때 배웠던 그래프를 다시 떠올려봐요. 계단 모양으로 보였던 그래프 말입니다."

행여 자신에게 질문이 떨어질까 다들 묵묵히 필기한 노트를 뒤적이는 모습들을 보니, 교수는 자꾸 웃음이 나오는 것 같아 억지로 참고 있는 중이다.

"홍과장이 때맞춰 질문을 해주니 나도 강의에 흥이 더 나는 것 같구먼. 자, 조직에서 발생하는 모든 비용을 변동비와 고정비로 분류해놓으면 경영자의 의사결정이 아주 쉽고 정확해질 뿐만 아니라 빨라져요. 그 이유는 우리가 오늘 배울 공헌이익* 개념의 활용을 극대화할 수 있기 때문이에요. 매출액에서 변동비를 뺀 것이 공헌이익이거든요. 이런 쉬운 공식으로 관리자들은 의사결정에 직접적인 도움을 줄 손익계산을 정말 순식간에 해낼 수 있죠. 공헌이익 접근방식으로 손익계산을 하게 되면 기업 내부의 계획수립이나 의사결정에 상당히 유용하지요. 그리고 오늘 배울 CVP분석은 물론 부서별 수익성을 측정하고 예산을 책정하는 것, 또한 희소자원의 최적사용, 아웃소싱과 같은 특수의사결정을 함에 있어서 관

---

* 공헌이익(contribution margin)은 매출액에서 변동비를 뺀 것을 말한다. 이를 공헌이익이라고 부르는 까닭은 이 금액이 아직 회수되지 않은 고정비를 회수하고, 더 나아가 이익을 내는 데 공헌하기 때문이다.

리자의 성과를 평가하는 데도 쓰여요. 그럼 오늘 공부를 시작해보지요. 홍과장이 물었으니 일단 손익계산서부터 볼까요?"

유교수가 특유의 진지한 표정을 지으며, 보드마카를 들고 보드 앞으로 돌아 선다.

"자, 예를 들어봅시다. A회사에서 판매하는 제품, 음, 그러니까 이 보드마카를 가지고 재무회계적인 손익계산을 해보는 겁니다. 일단 이 보드마카는 1만 2천 개를 생산하고, 1만 개가 개당 1천 500원에 판매됐다고 가정하는 겁니다. 개당 변동비는 1천 원, 전체 고정비는 120만 원이라고 합시다. 그럼 매출원가는 변동비와 고정비(120만 원÷생산량 1만 2천 개)를 합한 금액으로, 개당 1천 100원이 되겠네요, 맞지요? 이제 전통적으로 쓰던 손익계산서를 그려봅시다."

♥ 전통 방식 손익계산서

매출액	15,000,000
− 매출원가	11,000,000
매출총이익	4,000,000 (변동 100만, 고정 100만)
판매비 및 관리비	2,000,000
영업이익	**2,000,000**

"자, 보는 바와 같이 영업이익이 200만 원 나왔네요. 이런 방식은 재무회계에서 많이 사용하는 방식이죠. 그럼 이번에는 공헌이익 접근방식으로 한번 그려봅시다. 뭐가 다른지. 이번에는 원가를 행태별로 나눠서 가보는 겁니다."

▼ **공헌이익 접근방식 손익계산서**•

매출액	15,000,000	
− 변동비 (제조)	10,000,000	
(판관비)	1,000,000	11,000,000
공헌이익		4,000,000
− 고정비 (제조)	1,200,000	
(판관비)	1,000,000	2,200,000
영업이익		1,800,000

"자, 홍과장이 경영자라면 어떤 손익계산서를 보겠어요? 아무래도 후자를 선호하지 않을까요? 반복하지만, 매출액에서 변동비를 뺀 것이 공헌이익이잖아요. 변동비는 뺐으니 이제 고정비만 걱정하면 되겠죠? 결국 공헌이익이 고정비보다 큰지 작은지만 비교

• 재무회계에서는 아직 팔려나가지 않은 2천 개에 배부된 고정제조비가 재고자산의 형태로 차기로 넘어가는 결과를 가져온다. 즉 당기에 발생한 고정제조비가 차기에 가서야 비용화되는 기간의 불일치를 야기한다. 그러나 공헌이익 손익계산서에서는 당기에 발생한 비용은 모두 당기에 반영시켜 수익과 비용 간의 대응을 보다 정확하게 유지한다.

해봐도 특정 매출액 수준에서 이익이 나느냐 아니냐를 금방 알 수 있는 거지요. 또 제품단위당 변동비와 그 제품에 관련된 고정비를 알고 있으면 손익분기점 계산도 단숨에 할 수 있어요. 꼭 기억합시다. 어떤 제품의 단위당 공헌이익은 그 제품의 매출단가에서 단위당 변동비를 뺀 값이에요."

교수가 보드에 또 뭔가를 그리기 시작한다. 여기저기서 한숨 소리가 들리지만 교수의 손은 더 빨라진다.

"자, 웃기긴 하지만 그림을 봐요. 내가 그림만큼은 잘 못 그려서 말이지. 사실 그림은 우리 집사람 전공이거든요. 뭐, 사람이 다방면에 재주가 있기는 힘들지만, 그래도 이럴 땐 내가 그림을 좀 잘

▼ 공헌이익의 고정비 회수 모습

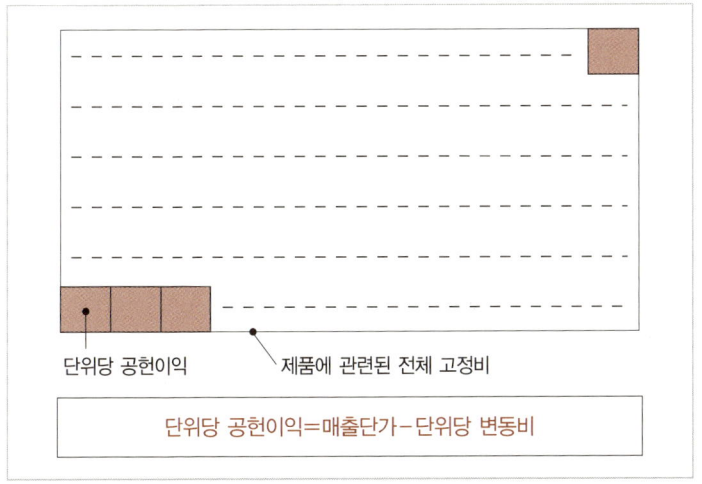

그리면 좋겠어요, 하하. 자, 이 그림에서 볼 수 있듯이 제품 한 단위를 팔면 한 개의 공헌이익(작은 사각형)이 나오지요? 공헌이익은 고정비를 다 회수하고 나면 이익창출에 공헌한다고 해서 공헌이익이라고 부르는 것이거든요. 첫 번째 단위당 공헌이익이 그만큼의 고정비를 회수하는 데 공헌하고, 두 번째 팔린 단위의 공헌이익은 또 그만큼의 고정비를 회수하는 데 공헌하는 거예요. 이렇게 차근차근 단위당 공헌이익이 전체 고정비를 나타내는 큰 사각형을 메워나가다 보면 드디어 큰 사각형을 꽉 채우게 되는 시점이 도래하는데, 여기가 단위당 공헌이익으로 고정비를 다 회수하는 시점으로, 수익과 비용이 같아지는 점, 즉 손익분기점이 되는 거예요.

공헌이익을 알면, 이제 공헌이익률도 계산할 수 있어요. 공헌이익률은 공헌이익을 매출액으로 나누면 바로 나와요. 주로 미래를 예측할 때 이용하지요. 일단 물가상승을 고려하지 않고 계산하면 판

▼ 공헌이익과 공헌이익률

매출액 − (변동비 + 고정비) = 이익
공헌이익 = 매출액 − 변동비
이익 = 공헌이익 − 고정비
공헌이익률 = 공헌이익 ÷ 매출액

매금액에 대한 변동비 비율도 거의 일정하니 공헌이익률도 거의 일정하게 나오지요."

설명을 하던 유교수가 갑자기 홍과장을 향해 기습적 질문을 던진다.

"홍과장, 아까 얘기한 보드마카의 예에서 공헌이익률을 계산해보면 얼마일까요?"

"음…, 400만을 1천500만으로 나누니까 0.2666…. 이렇게 나올 것 같은데요. 약 0.27이라고 답하면 될까요, 교수님?"

역시 숫자에 민감한 홍과장다운 답변이다. 교수의 입가에 걸린 미소가 더 짙어진다.

"자, 그럼 이왕 여기까지 왔으니 우리 손익분기점*도 계산해볼까요? 다 알겠지만, 손익분기는 이익이 0이 되는 매출액을 말하는 거죠. 간단하게 표현하면 공헌이익과 고정비가 같아지는 점이지요. 손익분기를 이루기 위한 판매량을 구하자면 그림에 나타난 전체 고정비의 면적을 조그만 사각형, 다시 말해 단위당 공헌이익 몇 개가 있어야 다 메울 수 있는가의 간단한 질문으로 바뀌게 돼요.

● 손익분기점(Break-Even Point : BEP)은 매출액과 그 매출을 위해 소요된 모든 비용이 일치되는 점이다. 즉 어떤 일정한 매상의 경우에 얼마의 비용이 들며 손익은 얼마나 생기나, 또는 일정한 이익을 올리려면 매상이 얼마가 되어야 하며 비용을 어느 한도로 억제해야 하는가 등의 손익에 관한 매상, 비용의 관계에서 손실과 이익이 발생하지 않는 매출수준을 의미한다.

"자, 그럼 손익분기점의 판매량은 어떻게 구할 수 있을까요? 이팀장이 한번 말해볼래요?"

"음, 총고정비를 단위당 공헌이익으로 나누면…."

한동안 대답을 못하던 이팀장이 입을 열자, 교수의 얼굴에 반가운 기색이 돈다.

"맞아요. 잘했어요. 자 여길 봐요."

손익분기점의 판매량＝총고정비/단위당 공헌이익

이팀장의 대답을 그대로 보드에 옮기더니, 교수가 말을 잇는다.

"이팀장의 말대로 저런 식을 자연스럽게 쓸 수 있는 거지요. 이 제품을 가지고 어떤 목표이익을 달성하려고 할 때는 분자만 바꿔주면 돼요. 총고정비에 목표이익을 더해주면 되지요."

교수의 칭찬에 이팀장의 얼굴이 달아오른다. 사실 다 이해하진 못하고 맥락을 따라가다 보니 저절로 대답이 나온 터라, 다행이다 싶은 마음과 부끄러운 마음이 반반인 듯하다.

"자, 그럼 보드마카의 예를 다시 한 번 볼까요. 일단 단위당 공헌이익과 전체 고정비를 알면 손익분기를 이루는 판매량을 알 수 있다고 얘기했지요. 단위당 공헌이익은 제품의 판매단가에서 단위당 변동비를 뺀 값이니까, 보드마카는 판매단가 1천500원에서 1천100원의 변동비(변동제조비 1천 원+변동관관비 100원)를 뺀 400원이 단위당 공헌이익이지요. 이 단위당 공헌이익이 몇 개가 되어야 전체 고정비 220만 원을 커버할 수 있느냐를 계산하면 되겠죠? 자, 그럼 이번에는 누가 풀어볼까요?"

기다렸다는 듯이 홍과장이 답을 한다.

"5천500개입니다, 교수님."

"허허, 역시 홍과장이군요. 보드마카의 손익분기 판매량은 220만 원을 400으로 나누어 5천500개가 나오지요. 손익분기점의 판매액은 총고정비를 아까 얘기한 공헌이익률로 나누면 쉽게 구할 수 있어요. 보드마카의 손익분기점 판매액은 220만 원을 0.27로 나누니 약 825만 원이 나오네요, 맞지요?"

> 손익분기점 판매액＝총고정비÷공헌이익률

"넵!"

역시 제일 씩씩한 홍과장의 대답이 들려온다.

"자, 그럼 다른 예를 봅시다. 이번에는 커피전문점을 생각해볼까요? 원가 200원이 1천 원짜리 아메리카노 커피로 변신하는 'CAFE 고구려'에서는 아메리카노만 팝니다. 일단 원두, 종이컵, 설탕과 우유 등의 원재료비용은 변동비에 속할 것이고, 종업원 임금, 가게 임대료, 전기요금, 수도요금 등은 고정비에 속하겠죠. 그럼 이 변동비와 고정비를 합친 금액이 CAFE 고구려의 비용이 될 겁니다. 이 카페에서 한 달에 1천 잔의 커피를 팝니다. 이 수치를 가지고 공헌이익, 공헌이익률, 손익분기점을 계산해봅시다. 편의상 종업원 임금, 임대료, 전기요금 등의 고정비는 50만 원으로 두죠."

> 단위당 가격 1천 원, 단위당 변동비 200원
> 따라서, 단위당 공헌이익은 800원
> 매출액은 100만 원(=1천 원×1천 잔)
> 공헌이익은 80만 원(매출액 100만 원-원가 20만 원)
> (단, 고정비 50만 원)
> CAFE 고구려의 이익은 30만 원(공헌이익 80만 원-고정비 50만 원)
> 공헌이익률은 0.8(공헌이익 80만 원÷매출액 100만 원)
> 손익분기 판매량은 625잔(고정비 50만 원÷단위당 공헌이익 800원)
> 손익분기점 판매액은 62만 5천 원(고정비 50만 원÷공헌이익률 0.8)

쉴 새 없이 보드 위를 미끄러지는 교수의 손놀림을 정신없이 따라가는 눈들이 사뭇 진지하다. 교수가 이번에는 김부문장을 향해 묻는다.

"김부문장, 이 CAFE 고구려가 너무 잘돼서 확장이전을 하려고 해요. 좀더 넓은 자리를 찾다 보니 임대료도 올라가고, 직원 수도 늘고, 아무튼 고정비가 80만 원선까지 올라갔다고 생각해봅시다. 그럼 이 CAFE 고구려는 한달 매출액이 얼마 이상이 되어야 할까요? 일단 고정비를 제외한 다른 조건들은 다 같다고 생각하고 계산해보세요."

김부문장이 자신의 노트 위에서 계산을 해나간다.

"고정비가 상승했고 공헌이익률은 같으니까 일단 80만 원을 0.8로 나누면, 100만 원. 음…, 1천 잔을 팔아야 손익분기가 나오겠는데요. CAFE 고구려는 확장이전을 해서 한 달에 무조건 1천 잔 이상을 팔아야 합니다."

"하하, 맞아요. 역시 마케팅을 담당하고 있어서 그런지 계산이 정확하네요. 회사의 매출수익과 총비용이 동일해서 손실도 이익도 발생하지 않는 매출액을 손익분기점이라고 하는 겁니다. 관리자가 자기 회사의 BEP를 항상 염두에 두고 있어야 함은 당연하겠지요. 그럼 좀더 높은 레벨로 올라가볼까요? 우리 이제 CVP분석*이라는 걸 해봅시다. 매출액과 고정비, 공헌이익의 상호관계를 분석하는 거지요. 이 분석을 제대로 하면 관리회계의 첫 발은 성공적으로 디딘 것이라 할 수 있어요."

유교수가 다시 보드 앞으로 다가가 이번에는 그간 봐왔던 것보다 훨씬 복잡한 그래프를 그리기 시작하자, 앉아 있는 직원들에게

---

* 원가-조업도-이익(Cost-Volume-Profit : CVP) 분석은 제품라인의 선택, 가격책정, 마케팅전략, 그리고 생산시설의 효과적인 이용 등을 포함하는 여러 가지 의사결정에 유용하게 쓰인다. 이 개념은 관리자가 수행하는 거의 모든 일에 연관되어 있어, 조직에 존재하고 있을지도 모르는 아직 발견하지 못한 이익창출잠재력을 찾아내는 데도 가장 좋은 기법이다.

▼ CVP 도표 작성법(CAFE 고구려를 기준)

① 조업도(또는 판매량)를 나타내는 축(x축)과 나란하게 총고정비를 나타내는 선을 그린다. (고정비 50만 원)

② 하나의 판매량을 선택하여 그 점에서의 총비용(고정비와 변동비)을 나타내는 점을 표시한다. (한 달 1천 잔을 선택했다면, 총비용은 70만 원) 이 점과 총고정비를 나타내는 선의 금액을 나타내는 축(y축)과 접하는 점을 연결하는 선을 그린다.

고정비	50만 원
변동비(1천 잔×200원)	20만 원
총비용	70만 원

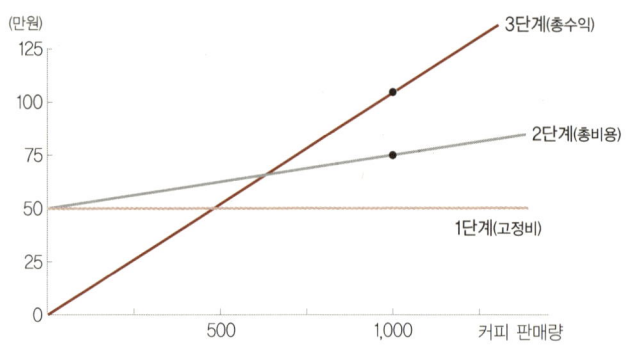

③ 하나의 판매량을 선택, 그때의 총판매액을 나타내는 점을 그래프에 표시한다. (1천 잔의 커피를 팔 경우 총매출액(수익)은 100만 원.) 이 점과 원점을 연결하는 선을 그린다.

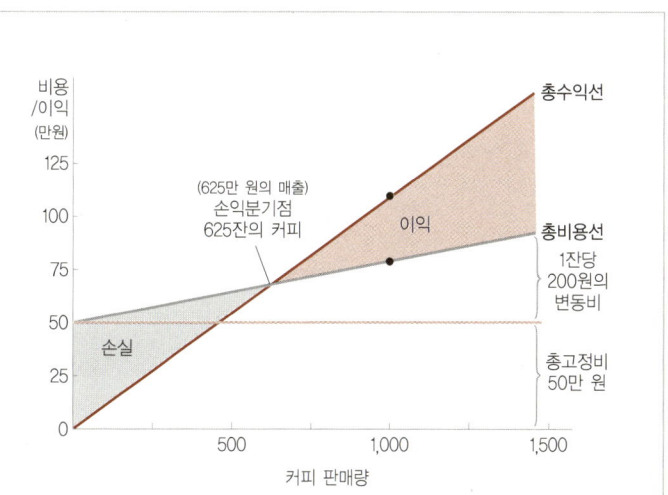

완성된 CVP 도표를 보면 어느 특정 수준의 매출에서 기대되는 이익이나 손실은 총수익선(매출)과 총비용선(변동비와 고정비) 간의 수직거리로 측정 가능하다. 손익분기점은 총수익선과 총비용선이 교차하는 점이다.

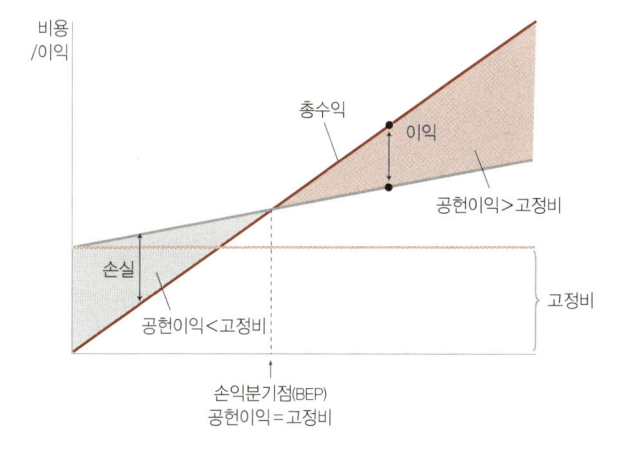

유교수, 쫀쫀한 원가시스템을 그리다 | 119

서 한숨 소리가 새나온다.

"자, 일단 CVP분석은 앞에서 본 공헌이익 방식 손익계산서로부터 시작되는 겁니다. 그 방법을 사용하면 판매가, 원가 또는 조업도의 변화에 미치는 영향을 파악하는 데 좋다고 했었죠? 기억을 되살려봅시다."

교수는 보드 위에 그려진 그래프를 손으로 짚으며 설명을 이어나갔다.

"이해를 돕기 위해 다시 한 번 CAFE 고구려로 가볼까요? 월 매출액은 100만 원, 변동비 20만 원, 고정비 50만 원이었어요. 공헌이익은 80만 원, 공헌이익률은 0.8, 손익분기점은 62만 5천 원이었고요. 일단 625잔 이상의 커피를 팔아야 흑자가 나는 걸로 나왔죠.

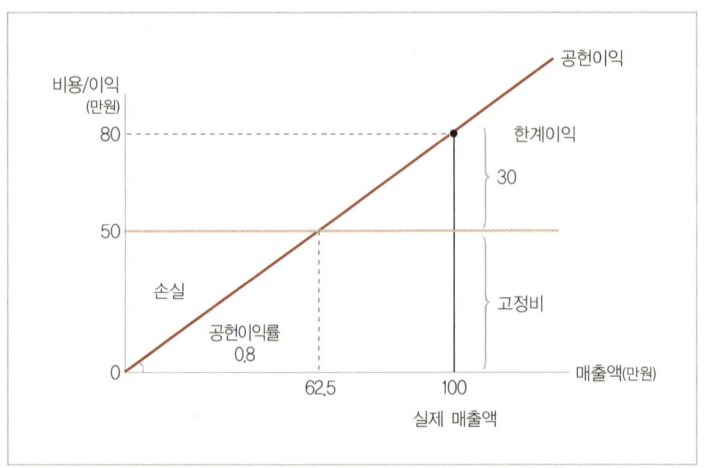

그런데 이걸로 만족할 수 있나요? CAFE 고구려의 수익성을 높이려면 주인은 어떤 선택을 해야 할까요? 자, 우리 홍과장님부터 시작해볼까요?"

"고정비를 낮추는 것이 이익을 높이지 않을까요? 쓸데없는 경비를 줄이거나 없애도 되는 것들은 과감하게 없애고, 주문방식을 바꾼다거나 하는 등을 통해서 고정비를 낮추면 될 것 같은데요."

홍과장의 답변을 듣고 있던 유교수는 역시 제작팀장다운 답변이라 절로 웃음이 나온다.

"그럼 왜 고정비만 낮춰요? 변동비 중에는 낮출 것이 없나요?"

"아, 물론 있습니다. 일단 원재료를 공급하는 업체와 협상을 해서 구입단가를 낮추고, 재료의 낭비를 줄이는 방법도 있습니다. 그

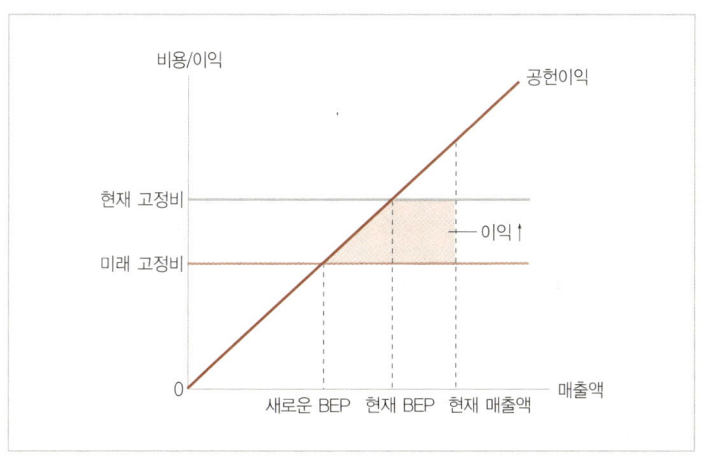

리고 비슷한 품질의 더 저렴한 원두를 찾으면 될 것 같습니다. 저희도 이런 방식으로 원가절감을 했습니다. 종이의 누수를 막기 위해 판형을 조절하거나, 같은 효과를 내는 더 저렴한 종이를 찾는다거나 해서요. 큰 금액은 아니지만, 그래도 꽤 많은 비용이 줄었습니다. 편집팀이나 디자인팀의 원망을 조금 듣기는 했습니다만…."

"하하, 홍과장은 진짜 열심히 일하는 직원이군요. 이 회사 경영자는 행복하겠어요. 이렇게 진취적으로 열심히 일하는 직원을 둬서. 자, 그럼 홍과장이 말한 대로 하면 CVP 도표가 어떻게 되는지 한번 볼까요?"

새로운 그래프가 보드의 빈 공간을 속속 메운다.

"고정비를 낮추면, 이 그래프에서 보는 것처럼 색칠한 만큼의

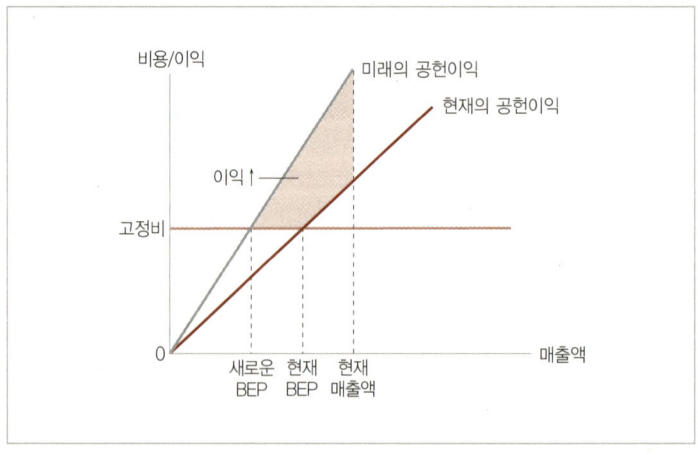

이익이 증가하겠네요. 그렇지요? 그럼 변동비를 낮춘 경우를 봅시다. 당연히 매출액에서 변동비를 뺀 것이 공헌이익이니까 그래프의 기울기가 왼쪽으로 경사가 급해지겠지요? 그러면 이 그래프처럼 이익도 증가할 것이고."

단순한 변화를 주는 것만으로도 이익의 크기가 달라지는 것이 한눈에 보이자 직원들은 꽤나 신기한 표정이다. 교수의 설명이 계속된다.

"회사에 우리 홍과장님 같은 분만 있으면 기업의 이윤이 아주 커지겠네요. 그럼 우리 김부문장은 다른 방법을 생각해보지요?"

갑자기 자신을 호명하자, 김부문장의 미간이 약간 찡그러지는 듯하다. 잠시 생각하더니 "좋은 생각은 아닌 것 같은데…" 하며 말끝을 흐린다. 교수는 여유로운 미소를 띠며 김부문장을 독려한다.

"아, 괜찮아요. 우리끼리 공부하는 건데 뭐가 어때서 그래요. 자신 있게 얘기해보세요."

"판매단가를 높이는 것도 방법일 것 같습니다. 같은 재료에 판매단가가 높다면 마진이 더 클 테니까요."

"하하, 뭐 그렇게 나쁜 생각도 아니네요. 소비자들은 별로 좋아하지 않겠지만. 자, 이런 경우는 어떻게 될까요?"

교수는 잠시 탁자 위의 홍시주스로 목을 축인 다음 강의를 이어 나갔다.

"변동비는 같아도 일단 단가가 높아지니 매출액이 커질 테고, 그럼 공헌이익이 커질 테니, 역시 이번에도 이익이 증가하겠네요. 그래프의 모습은 아까 변동비를 줄이는 경우와 같아요. 하지만 김부문장이 좋은 방법이 아닌 것 같다고 한 것도 한편으로 타당해요. 왜냐하면 사람들이 이 제품을 꼭 구입한다는 보장이 없거든요. 사람들이 가격에 예민한 제품은 단가를 높이면 판매량이 줄어들 가능성이 크기 때문에 현실적으로 좋은 대안은 아닌 셈이지요. 자, 이렇게 CVP 도표를 이용해서 시뮬레이션하는 방법을 살펴봤습니다. 남의 회사를 예로 든 도표를 봤으니, 이제 자신이 몸담고 있는 회사의 도표를 그려보세요. 다 그린 다음에 고정비를 살펴보고, 최대한 고정비를 적게 들이고 공헌이익률이 높은 회사로 만들기 위해 분발해야지요."

유교수가 그린 그래프들을 뚫어져라 쳐다보던 김부문장이 한참 고민을 하는 듯하더니, "저~" 하는 말로 입을 연다.

"교수님, 제가 일전에 들은 마케팅 강의에서 고정비가 낮을수록 레버리지효과[*]가 크다는 걸 배웠는데, 솔직히 이해가 잘 안 갔습니다. 레버리지효과는 재테크나 그런 쪽에서 쓰는 개념인 줄만 알

---

* 레버리지효과(leverage effect)는 지렛대효과라고도 한다. 재무적 측면에서는 타인으로부터 빌린 차입금을 지렛대로 삼아 자기자본이익률을 높이는 효과를 일컫는다.

앉는데, 이게 원가와도 관련이 있나요?"

그렇지 않아도 그 내용을 설명하고 싶었던 교수의 얼굴에 화색이 돈다. '이 사람들이 그냥 앉아 있는 것은 아니구나' 하는 안도감이다. 자신의 진도를 잘 따라와주는 것이 보이니 더 신명이 나는 것 같다.

"하하, 그렇지 않아도 설명할 참이었는데 좋은 질문을 해줬네요. 레버리지란 말은 들어보셨죠? 지렛대효과 말입니다. 사실 변동원가와 고정원가로 분류하는 원가구조는 레버리지효과와 아주 큰 관련이 있어요. 지금부터 배울 내용은 재무레버리지와는 조금 다른, 영업레버리지*라는 겁니다. 자동화 추세에 따라 설비를 마구 늘리는 기업을 생각해보세요. 설비가 늘어난다는 것은 고정비가 늘어나고, 대신 변동비가 줄어든다는 거지요. 자동차를 생산하는 설비를 마구 늘려 600만 대를 생산할 수 있는 정도의 능력을 갖춰두고, 실제로는 경기가 나쁘다거나 해서 500만 대밖에 생산하지 못한다면, 자동차 한 대를 생산하는 데 드는 원가는 높아질 수밖에 없

---

* 영업레버리지(operation leverage)는 원가 속에 고정비가 차지하는 비중을 말한다. 기업이 생산·판매시 변동비 대신 고정비를 많이 증가시키는 경우에는 높은 영업레버리지를 갖게 된다.

** 자동화 등의 설비투자에 의해 감가상각비와 이자비용 등의 고정원가가 높아지고 인건비 등의 단위당 변동원가가 낮아지면, 고정원가의 증가는 손익분기점을 높이고 단위당 변동원가의 감소는 손익분기점을 낮춘다. 이때 어느 쪽 방향의 변화가 더 큰가에 따라 최종적인 손익분기점이 결정되며, 이에 따라 레버리지도의 변화방향이 결정된다.

는 거니까요.** 간단하게 말하면 원가 중에서 고정비가 얼마나 차지하는가를 나타내주는 지표라고 생각하면 돼요. 이것도 그래프를 그려서 보는 방법이 제일 확실하지요. 그럼 그려볼까요?"

교수가 보드 위에 A사와 B사, 두 기업의 간략한 손익계산서를 적어나가기 시작한다.

	A사		B사	
	금액	비율(%)	금액	비율(%)
매출	100,000	100	100,000	100
(−)변동비	60,000	60	300,000	30
공헌이익	40,000	40	70,000	70
(−)고정비	30,000		60,000	
순이익	10,000		10,000	

"자, 이런 손익계산서를 가지고 있는 두 회사가 있어요. A사는 높은 변동비와 낮은 고정비, 그에 비해 B사는 낮은 변동비와 높은 고정비를 갖고 있는 회사입니다. 어느 회사의 원가구조가 더 좋은가는 논외로 하더라도, 이 두 회사의 매출이 10퍼센트 증가했을 때의 손익계산을 다시 해봅시다. 이팀장, 어느 회사의 순이익이 더 증가할까요?"

"음, 공헌이익률이 높은 B사의 순이익이 훨씬 증가했습니다."

"맞습니다. 이걸 영업레버리지 개념에 넣어봅시다. B사는 10만

	A사		B사	
	금액	비율(%)	금액	비율(%)
매출	110,000	100	110,000	100
(-)변동비	66,000	60	33,000	30
공헌이익	44,000	40	77,000	70
(-)고정비	30,000		60,000	
순이익	14,000		17,000	

원의 매출액 수준에서 A사와 같은 금액의 총원가를 갖지만, A보다 높은 수준의 고정비를 갖고 있어요. 매출이 10퍼센트 증가했을 때 B사의 순이익은 70퍼센트 상승한 반면, A사는 40퍼센트 증가하는 데 그치죠. 결론적으로 얘기하자면 매출액이 똑같이 증가해도 B사가 A사보다 더 높은 순이익을 얻는 까닭은 B사가 제품을 생산·판매하는 데 있어 더 많은 비중의 고정비를 투입해서 더 큰 영업레버리지를 갖고 있기 때문이라고 할 수 있지요. 다시 말해 영업레버리지란 조직 내에 고정비가 차지하는 상대적인 크기를 나타내주는 척도라고 생각하면 돼요. 상대적으로 고정비가 차지하는 비중이 큰 기업이 큰 영업레버리지를 갖고, 반대로 고정비의 비중이 작은 기업이 작은 영업레버리지를 갖는 거지요. 큰 영업레버리지를 갖고 있는 기업은 매출액의 변동에 따른 이익의 변동폭이 작은 영업레버리지를 갖는 쪽보다 훨씬 크다고 보면 됩니다. 바로 그래프처럼 말이죠. 그래프를 보면 B사의 영업레버리지가 훨씬 큰 것을

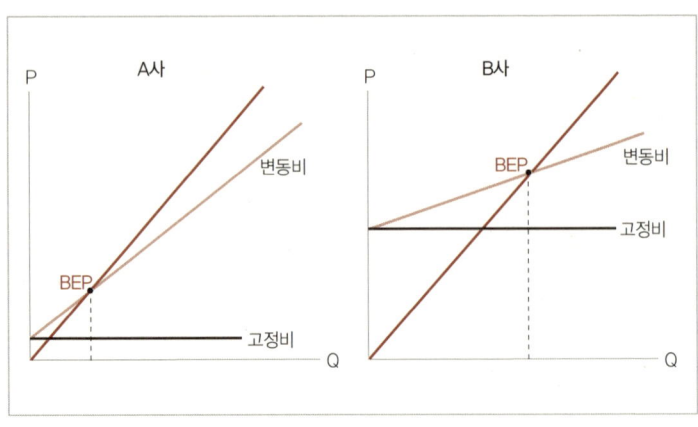

볼 수 있어요. 다들 잘 아시겠어요?"

여기저기서 "아~" 하는 속삭임이 들린다.

"그럼 영업레버리지도(degree of operating leverage)도 계산할 수 있겠네요, 교수님?"

역시 홍과장다운 질문이다.

"물론이지요. 간단하게 특정 매출액 수준에서 영업레버리지도를 계산해보려면 그 매출액 수준에서의 공헌이익을 순이익으로 나누면 나와요. 10만 원의 매출액 수준에서 A, B, 두 회사의 영업레버리지도를 내보지요. 홍과장이 말해볼까요?"

"네, A사는 4, B사는 7이 나오는데요."

바로 답이 튀어나오는 것으로 보아 이 회계수업에 재미를 붙인 모양이다. 그런 홍과장을 바라보며 교수는 이날의 강의를 마무리한다.

> 영업레버리지도＝공헌이익/순이익
> A사＝40,000/10,000＝4
> B사＝70,000/10,000＝7
>
> 이를 통해 현 수준에서 매출액의 변화율은 A사의 순이익에는 매출액 변화율의 4배에 달하는 변화를, B사의 순이익에는 매출액 변화율의 7배의 변화를 가져다줄 것이라는 점을 알 수 있다.

"이 개념에서 잊지 말아야 할 것은, 영업레버리지도를 계산함으로써 매출액이 변함에 따라 이익이 어떻게 변하는가를 상세한 손익계산서를 만들지 않아도 신속하게 관리자가 알 수 있다는 점이지요. 요즘처럼 빠르게 변화하는 세상에 아주 좋은 예측도구가 될 수 있어요. 그러니 여러분은 가령 영업레버리지도가 5가 나왔다고 하면 매출액이 6퍼센트 증가했을 때 순이익이 30퍼센트 증가한다는 것을 즉각 생각할 수 있도록 꾸준하게 연습해보는 것이 큰 도움이 될 겁니다. 향후 사업계획을 세우거나 할 때 말입니다."

교수,
원가관리의 길을 제시하다!

회계란 녀석은 참으로 이상하다. 모양도 형체도 없는 것처럼 느껴지다 가끔 손 안에 잡히는 것 같아 마음을 놓을라치면, 다시 휙 하니 사라져버린다. 그래서 사람들이 회계를 알아야겠다고 생각하면서도 그렇게 친해지지는 못하는 것 같다.

유교수가 베스트북 직원들에게 강의를 하기로 한 마지막 날. 회의실에 모인 사람들은 저마다 고뇌하는 표정이다. '지난 시간에 뭘 배웠더라?', '교수님이 질문하면 어쩌지?', '내가 이해하고 있는 게 맞을까?' 등등 많은 사념들이 둥둥 떠다니는 분위기가 싱숭생숭하다. 지난 시간에 발군의 회계감각을 내보인 홍과장만 신이 난 표정이다. 이내 얼굴 가득 미소를 띤 교수가 회의실로 들어선다.

"여러분, 잘 지냈어요? 일들이 많을 텐데 (회의실을 둘러보며) 오늘도 한 사람도 빠지지 않고 다 왔네요? 어때요, 관리회계가 '볼매' 아니에요?"

"볼매요?"

교수가 선택한 뜻하지 않은 단어 때문에 모두 어리둥절한 표정이다.

"허허, 이 사람들 보게. 무슨 뜻인지 몰라요? 트렌드를 읽는 출판사라면서 그 뜻을 모르다니, '볼수록 매력 있다' 는 거지."

그제야 가라앉았던 분위기가 사라지고 다시 화기애애하다. 요즘 들어 원가관리회계에 부쩍 재미를 붙인 홍과장은 사실 이런 시간이 좀더 길어졌으면 좋겠다. 은근슬쩍 편집부 이팀장에게 강의를 더 들을 수 없겠냐고 물었더니, 이 정도도 무리라면서 책 나오면 그 책으로 공부를 하라는 일침이다.

"교수님, 오늘을 무척 기다렸습니다."

홍과장은 일전에 이팀장이 유교수에게 자문을 구했다는 『회계학 리스타트』 대량주문 건에 대한 확실한 답을 알 수 있겠다는 생각에 기대에 찬 눈빛이다. 대기업으로부터 『회계학 리스타트』 1만부 주문이 들어왔는데, 정가의 50퍼센트 할인된 가격에 제공해달라는 내용이었다. 어차피 이제부터는 종이값과 인쇄비만 더 들어가면 되는데 왜 주문 수락을 미루는지 도대체 이해할 수 없었던 홍과장이다. 기존에 사용하던 손익계산 방식을 통해 봐도 그 책은 이미 손익분기를 훨씬 넘긴 베스트셀러였는데 뭐가 문제란 건지….'오늘은 반드시 답을 알아내겠어' 하는 홍과장의 표정이 결의에

차 있다.

"하하, 홍과장도 잘 있었어요? 그동안 회계공부를 열심히 한 모양인데요? 이렇게 나를 기다리는 사람이 있다니 기분이 좋지만 긴장도 되는군요."

"교수님께서 워낙 잘 가르쳐주셔서…."

칭찬은 고래도 춤추게 한다더니, 항상 뻣뻣한 계산기 같은 홍과장의 목이 붉어진다. 새삼 수줍음이라도 타는 모양이다.

"자, 오늘은 그동안 배운 걸 복습해볼까 해요. 사실 별거 아닌 것 같아도 분량이 꽤 되거든요. 지난 시간에 공헌이익에 대해 배웠는데, 이 공헌이익은 어디서 생길까요?"

"매출액에서 생깁니다."

조용히 강의만 듣던 디자인팀장이 입을 열었다. 반가운 마음에 교수가 질문을 한다.

"그 매출액은 어디서 생깁니까?"

"음…."

"고객이 제품을 사고 지급한 판매대금이지요."

디자인팀장이 머뭇거리는 사이에 홍과장이 답을 낸다.

"네, 맞아요. 잘 알고 있군요. 공헌이익은 매출대금을 지급하는 고객으로부터 나오는 겁니다. 그럼 고정비는 어떤가요? 고정비는 회사 내부에서 발생하는 비용입니다. 자, 고정비와 공헌이익을 분석한다고 하면 어떤 분석이 더 쉬울까요? 외부에서 창출되는 것? 아니면 내부에서 발생하는 것?"

"내부에서 발생하는 것이 더 알기 쉽지 않을까요?"

홍과장이 냉큼 대답을 한다.

"허허, 그래야 정상이겠지요. 하지만 이 회계란 놈은 사람들을 놀라게 만드는 걸 좋아해요. 사실 공헌이익분석을 하는 게 훨씬 쉬워요. 어떤 상품을 얼마에 얼마만큼 판매했느냐, 또 어떤 재료를 어디서 얼마에 구입했느냐 따위의 정보는 청구서나 장부를 보면 금방 나오거든요. 우리가 알다시피 공헌이익은 매출액에서 변동비를 뺀 값이죠. 그러니 이 얼마나 쉬운가요. 있는 자료에서 더하기 빼기만 하면 되는데. 그런데 고정비는 그렇지가 않아요…."

잠시 말을 멈추고 홍과장을 보니 잘 이해하지 못하겠다는 표정이다.

"하지만 교수님! 한 달이건 1년이건 임대료나 전기요금, 아니면 인건비 같은 것도 장부나 청구서를 보면 금액을 금방 알 수 있지 않습니까?"

"홍과장 말도 맞아요. 그렇지만 그 비용을 어디에 어떻게 썼는지 자세한 내용을 알기가 쉽지 않아요. 우리가 지난번에 커피숍을 예로 들었지요? 그 안에서 커피를 만드는 데 인건비나 전기요금이

얼마나 들었는지, 판매하는 데 인건비나 전기요금이 어느 정도 들어갔는지 세세하게 구분하는 일이 쉽지가 않아요. 이렇게 상품에 대고 직접적으로 파악할 수 없는 비용을 우리는 간접비*라고 하지요. 사실 우리가 고정비라고 한번에 뭉뚱그려 표현하는 비용의 대부분이 이 간접비에 속한다고 보면 됩니다."

여기저기서 "아하~" 하는 소리가 터져 나온다. 이제야 뭔가 보이는지 고개를 끄덕이는 이들이 몇이나 눈에 띈다. 교수는 이 분위기 그대로 여세를 몰아보기로 했다.

"사실 이 간접비관리가 굉장히 중요해요. 현대 산업사회에서는 간접비 비중이 현저하게 증가했거든요. 자동화니 IT화니 하는 덕분에 기업의 간접비 비중은 50퍼센트를 넘는다고 봐도 무방할 정도지요. 정밀한 원가계산을 하려면 이 간접비 배분에 대한 원칙이 선행되어야 해요. 저는 가끔 경영인들을 만나면 이 간접비야말로 원가의 함수라고 표현하곤 합니다. 여러분은 함수를 좋아했나요?"

"아니요!"

---

* 간접비(indirect cost)란 매매상품 또는 서비스와 직접 관련되지 않은 기업경영에서 발생되는 간접비용을 말한다. 직접비에 대응하는 회계용어로, 이는 각 부문에 공통적으로 사용된 비용이며 간접재료비·간접노무비 및 간접경비로 구성된다. 간접재료비는 청소용 연료나 공장 소모품 등이며, 간접노무비는 수위나 공장관리자의 임금 및 그 부대비용 같은 것이고, 간접경비는 감가상각비·보험료·지대·집세·수선비·동력비·복리후생비 등이 이에 속한다.

일제히 고개를 절로 흔들며 부정의 의사표시를 한다.

"하하, 그렇지만 수학에서 함수는 꽤 중독성 있는 분야죠. 수수께끼를 푸는 것 같은 묘한 매력이 있어요."

홍과장이 또 손을 들고 질문한다.

"교수님, 그럼 원가를 줄이려면 간접비 리스트를 활용하면 훨씬 효과가 크겠네요?"

"그렇지요. 매월 지출되는 고정비를 꼼꼼히 적어보세요. 분명 거기에 필요하지도 않으면서 나가는 부분이 있을 겁니다. 그런 부분을 줄이는 것이 바로 원가절감이지요."

홍과장은 지금 이 타이밍에 자신이 안고 있는 숙제를 해결해야겠다는 생각이 들어 마음이 급한 모양이다. 연신 질문을 던진다.

"홍과장, 또 뭐가 궁금한가요?"

교수가 빙그레 웃으며 발언기회를 주자 홍과장이 말문을 열었다.

"이미 들으셨겠지만, 교수님께서 집필하신 『회계학 리스타트』요. 그 책을 대량주문한 곳이 있는데, 거기서 제시한 단가가 낮긴 하거든요. 하지만 저는 어차피 직접재료비만 더 들이면 나머진 다 이익이라는 생각에 낮은 가격이라도 판매를 하는 게 낫다고 판단했습니다. 그 정도면 원가를 뽑고도 훨씬 남을 거라고 생각되거든요. 이런 제 생각이 맞는 걸까요?"

"아, 나도 들었어요. 거의 반값에 달라고 했다면서요?"

"네, 그런데…."

가격이 마뜩치 않아 망설이고 있던 김부문장이 말끝을 흐린다.

"걸리는 게 있는 모양이네요. 그건 출판사가 결정할 문제니 제가 감 놔라 대추 놔라 할 수는 없고…. 다만 한 가지 팁을 드리지요."

"네, 교수님!"

답을 낼 수 있도록 힌트를 준다니 홍과장이 얼른 대답한다.

"지금 같은 주문을 '특별주문*'이라고 해요. 대량으로 구매하는 대신 낮은 단가를 요구하는 거지요. 이럴 때 유의해야 할 게 있어요. 아까 홍과장이 원가를 이야기했는데, 홍과장은 제 책의 원가를 알고 있겠지요?"

"네, 정확한 수치는 아닐 수 있지만 금액은 알고 있습니다."

"이런, 이런! 그렇게 답하면 안 된다니까. 어디에 쓰려는 원가냐고 꼭 되물어야 한다니까요. 절대 잊어서는 안 되는 철칙입니다. 자, 그럼 다시 본론으로 돌아갑시다. 이런 특별주문이 들어왔을 때

---

* 단체 해외여행시 여행사가 항공사나 여행지의 호텔, 식당에 내는 주문도 특별주문의 좋은 예다. 우리가 싼값에 단체 해외여행을 할 수 있는 것은 항공료, 호텔 숙박비, 식비 등에서 특별주문을 통한 큰 할인을 받을 수 있기 때문이다. 항공사나 호텔 등은 고정비 비중이 크기 때문에 승객이나 투숙객 한 사람에게 드는 변동비는 아주 미미하다. 일반적으로 항공산업이나 호텔업은 70퍼센트의 좌석점유율 또는 객실점유율이 손익분기 수준으로 알려져 있다. 따라서 남는 30퍼센트의 좌석이나 객실을 미리 싼값(변동비를 상회하는 가격)에 팔아 수익을 확보해놓으면 미래의 많은 불확실성을 줄일 수 있고, 이익도 확보할 수 있다. 이 부분을 여행사가 특별주문으로 치고 들어가는 것이다.

의사결정을 하는 기준이 있어요. 바로 특별주문가격이 그 상품의 변동비를 커버할 수 있는 가격이냐를 따져보는 거지요. 다른 말로 표현하자면, 특별주문가격이 공헌이익을 낼 수 있느냐를 따져서 'yes'라면 수락하고 'no'라면 당연히 거절해야 합니다. 아시겠죠? 나머지는 여러분 회사의 일이니 결정은 알아서들 하세요."

"네, 알겠습니다, 교수님. 교수님 강의 덕분에 원가관리의 길이 보이는 것 같습니다."

홍과장의 감사인사를 시작으로 다들 교수에게 감사를 표하느라 분주하다. 회계가 가깝게 느껴지고 꽤 자신감이 생겼다는 고백들이 이어진다. 유쾌한 강의를 마치며 출판사 직원들과 도란도란 수다를 즐기는 교수의 표정이 밝다.

'이 사람들과 공부한 경험을 잊지 말아야겠어. 회계가 실생활과 맞닿아 있을 때 친근감을 느끼고 이해도 빨라지는 건 누구나 마찬가지인가보군. 더 재미있는 강의를 하려면 준비할 게 많겠는걸. 아, 시간이 부족하다, 부족해….'

자리를 정리한 교수가 회의실 문을 열고 나서다 갑자기 뭔가를 잊은 듯 돌아선다.

"아, 여러분, 제가 잊은 게 하나 있네요. 특별주문가격이 공헌이익을 내느냐 여부도 중요하지만, 더 중요한 건 표정관리예요. 특별주문은 표정관리에서 그 성패가 결정된다는 걸 꼭 염두에 둬야 해요."

"표정관리요?"

얼떨떨한 표정의 모두를 대신해 홍과장이 입을 열었다.

"아니, 제품을 싸게 넘기는 저희가 무슨 표정관리를 합니까?"

"하하, 그렇게만 생각하지 말아요. 아까 말한 걸 그새 잊었군요. 특별주문을 수락했다는 것은 파는 쪽에서 공헌이익을 냈다는 겁니다. 공헌이익이 안 나는데 특별주문을 받아 물건을 파는 것은 제 살을 깎아먹는 일이니까요. 일단 받아들였다면 그것이 얼마든 판매자 측에 이득이 되는 겁니다. 장사꾼이 밑지고 파는 거 봤나요? 설사 밑지면서 준다고 말하는 사람이 있어도 여러분은 그 말을 믿나요?"

"아~" 하는 감탄사가 여기저기서 나온다.

"음, 예를 들어볼까요. 이팀장이 옷을 사러 동대문 쇼핑센터에 갔다고 생각해봐요. 이 옷 저 옷 구경하다 맘에 드는 옷이 있어서 그 옷을 사려고 했더니, 가격이 10만 원인 거야. 너무 비싸다는 생각에 돌아 나오는데 옷집 주인이 얼마면 살 거냐고 묻는 거지. 이팀장이 고민하다가 그냥 5만 원이면 사겠다고 대답한다면, 그럼 주인은 뭐라고 할까요? 안 된다고, 자기는 그 가격에 절대 못 판다고 거절하겠지. 그러면서 이팀장 얼굴을 살필 거예요. 이 사람이 어떻게 나오나 보면서. 그런데 이팀장이 단호한 표정으로 그냥 나오면 주인이 다시 부르겠지요. 진짜 밑지는 장사지만 어쩌고저쩌고 하면서 그 옷을 5만 원에 팔겠다고 하는 거지. 뭐, 흔히 하는 말 있잖아요. 개시라느니, 너무 어울려서 거저 준다느니 하면서 말이지. 그럼 이팀장은 원하던 옷을 아주 싼값에 산 것 같아 기분이 좋을 거예요. 그런데 나오면서 뒤를 돌아보니 주인이 더 좋아라 하면서 웃고 있다면, 그 모습을 본 이팀장의 기분은 어떨까?"

"음, 왠지 속은 느낌이 들 것 같아요. 원래 5만 원인데 바가지를 씌우려 한 거구나 싶기도 할 테고. 결코 좋은 기분일 수는 없겠지요."

상황에 몰입된 이팀장이 볼멘소리를 낸다.

"맞아요. 이팀장이 그 옷가게에 다시 갈 것 같아요? 뭔가 당한 기분이 들 텐데 말이죠. 그런 이치랑 같아요. 무슨 뜻인지 알겠지요?"

"네, 잘 알겠습니다!"

모두가 씩씩한 목소리로 대답을 한다.

"다시 강조하지만, 표정관리는 진짜 중요해요. 가격이 아무리 유리해도 좋아하는 티를 내면 절대 안 돼요."

며칠 후, 유교수는 이팀장으로부터 반가운 전화를 받았다.

"교수님, 저희 대량주문 건 수락했습니다. 교수님께서 가르쳐주신 대로 저희도 공헌이익 접근방식의 분석을 해봤습니다. 그쪽에

♣ 도서 대량주문 건 공헌이익 접근방식 분석

> 단가는 5천 원, 주문량은 1만 부, 매출액은 5천만 원
>
>   매출액   50,000,000
>
> − 변동비 (제조)   25,000,000
>
>   (판관비)   5,000,000   30,000,000
>
>   공헌이익(=매출액−변동비)   20,000,000
>
> 따라서, 특별주문을 수락하는 것이 출판사에 유리하다(공헌이익 나는 만큼 이익 증가)

서 요구한 단가와 책의 변동비들을 비교해봤더니, 많지는 않지만 공헌이익이 남는 걸로 나와서 바로 납품하기로 했습니다. 감사합니다, 교수님! 덕분에 저도 회계가 뭔지 아주 조금은 알게 된 것 같아요."

한동안 이런저런 얘기를 나누며 수화기를 내려놓는 교수의 시선에 배부른 고양이가 늘어지게 기지개를 켜는 모습이 들어왔다.

3

유교수,
대박 인터넷쇼핑몰을 서포트하다

유교수는 딸 기장씨와 선상 레스토랑에서 저녁식사를 한다. 최근 의류 인터넷쇼핑몰 〈스패디션〉을 열어 사업을 시작한 기장씨는 관리상의 여러 문제로 좌충우돌하는 중이다. 유람선 데이트로 이어지는 두 부녀의 대화 속에서 비용 및 재고 관리와 활동기준원가계산의 전반적인 개념을 배울 수 있다.

이 장에서 주목할 키워드

- 재고관리
- 경제적 주문량
- 변동비 절감
- 비용예방
- 활동기준원가계산
- JIT시스템
- 매출인식시점
- 고객대응시간 단축
- 간접비 배분

교수,
선상 레스토랑에 가다!

밤의 한강이 내려다보이는 선상 레스토랑 〈일리아스〉. 새삼 추억에 잠긴 듯한 유교수의 눈빛이 반짝이며 교각을 비추는 조명을 향해 있다. 교수가 혼자서 기다린 시간이 꽤 흘렀는지, 웨이터 한 명이 조용히 다가와 비어 있는 잔에 물을 채워놓는다.

퍼뜩 현실로 돌아온 교수가 손목시계를 바라보니 시간은 7시 20분. 작은 한숨이 나온다.

'이 녀석, 아직도 시간관념하고는! 작은 신용이라도 철저하게 지키라고 그렇게 가르쳤건만.'

그때 바쁜 걸음으로 숨을 몰아쉬며 레스토랑에 들어서는 젊은 처자 한 명. 실내를 빠르게 훑고는 유교수의 테이블로 직행한다.

"아빠, 저 왔어요! 늦어서 죄송해요~."

괘씸한 마음은 어디로 가고 교수의 입꼬리가 호를 그리며 올라간다. 말만한 아가씨가 됐는데도 귀엽게만 여겨지는 교수의 막내 딸, 유기장이다.

"에헤헤, 일찌감치 나와서 아빠 기다리려고 했는데 갑자기 사고가 터졌지 뭐예요, 으~. 여기저기 전화하고 수습한 후에 출발했더니 벌써 시간이 이렇게 됐네요!"

"그래, 밥은 먹고 다니는 거냐? 얼굴이 영 까칠해 보이는구나."

"아~ 그렇잖아도 점심도 못 먹었는걸요. 저 엄청 배고파요, 아빠. 맛있는 걸로 시켜주세요."

교수는 안쓰러운 표정으로 웨이터를 불러 음식을 주문한다.

"여기 B코스와 S코스로 줘요."

"밥도 제대로 못 먹을 정도로 바쁜 거야? 요샌 통 얼굴 보기가 힘들구나. 집에 잘 오지도 않고. 네 엄마가 서운하다고 아주 난리란다. 이럴 거면 바다 건너 있는 게 차라리 속편하다고 말이야."

허기진 기장씨가 테이블 위의 식전빵 하나를 올리브유, 발사믹 식초에 찍어 냉큼 입으로 가져간다.

"그러게 말이에요. 저도 집에 자주 들르려고 하는데 일하다 보면 마음처럼 되지가 않네요."

기장씨는 3년 전 국내에서 대학을 마치고 미국의 대학원에 진학, 유학길에 올랐다. 하지만 석사과정을 공부하면서 과연 학문이 자신의 길인지 고민하게 되었다. 막연하게 아버지와 비슷한 길을 걷고 싶다고만 생각했지, 자신의 적성이나 능력을 발휘할 수 있는 분야인지에 대해서는 확신이 없었기 때문이다. 호기심 많고 활동적인 기장씨에게 있어 타국의 도서관에 틀어박혀 책과 씨름하는 일은 잘 맞지 않았다. 부모님의 노후자금을 유학비용으로 축내며 의미 없는 시간을 보내는 것은 더 이상 못할 짓이라고 생각한 기장씨는 1년 전 다시 한국으로 돌아왔다. 남아있는 학업에 대한 미련은 국내에서 몇 년간 실무경험을 쌓은 뒤 MBA 과정을 다시 시작해 해소하면 될 일이라고 마음 편하게 생각하기로 했다.

기장씨가 귀국 후 생각한 분야는 바로 인터넷쇼핑몰이었다. 평소 옷에 관심이 많던 기장씨는 소자본으로 의류소매사업을 해보고 싶었다. 그래도 명색이 경영학을 몇 년이나 공부했는데, 배운 지식을 실전에 써먹어봐야 하지 않겠나 하는 계획이었다. 수중의 자본금은 총 2천만 원. 기장씨가 어릴 적부터 어머니가 돌반지와 세뱃돈을 모아 저금해주셨던 돈, 아버지가 투자의 기본을 익혀보라며 용돈 대신 틈틈이 1~2주씩 사주셨던 우량주 매도한 돈, 대학 시절 아르바이트로 모았던 돈을 모두 합친 금액이었다. 창업을 위해 6개월여를 준비하고 비로소 5개월 전에 쇼핑몰 사이트를 열었다. 쇼핑몰의 이름은 스타일(style)과 여행(expedition)을 합성해 만든 '스패디션(Spedition)'으로 정했다.

기장씨는 갓 구운 따끈따끈하고 보들보들한 빵을 순식간에 세 개나 먹어치웠다. 물로 목을 좀 축이고는 쇼핑몰을 운영하면서 겪고 있는 어려움을 아버지에게 응석부리듯 털어놓기 시작했다.

"아버지도 아시다시피, 제가 무작정 쇼핑몰부터 열고 좌충우돌 부딪쳐보기만 한 건 아니잖아요. 저도 나름 준비라는 걸 했다고요. 인터넷쇼핑몰에 관한 책도 십수 권은 사 읽고, 관련 강의도 많이 들었고요. 창업 전에 블로그 시범운영을 통해 사람들과 소통하는 법도 배웠고, 대중이 무엇에 관심을 갖는지 트렌드를 포착해 아이템 선정하는 방법도 익혔어요. 그런데 막상 스패디션의 운영에 들어가보니, 생각지도 못했던 문제들이 사방에서 튀어나오더라고요."

딸의 이야기를 차분히 듣고 있던 유교수가 다소 걱정스러운 표정으로 대화를 이었다.

"그래, 뭐든 이론과 실제는 다른 법이니까 애로사항이 생기는 건 당연한 일이지. 광고로 방문자 수만 잔뜩 늘려 외형을 부풀리는 경우가 많은 모양이던데, 90퍼센트가 넘는 쇼핑몰들이 창업 반년 만에 수익도 못 내보고 사라진다더구나. 그런 창업자들에 비해 기장이 넌 꽤 계획적인 편이었지. 초기 투자금을 최대한 줄이고, 처음 3개월은 고객수요 파악에 전념하겠다고 하지 않았니?"

"네, 아빠. 일을 크게 벌이면 크게 망하는 법이니까요. 검증되지 않은 시도들로 무모하게 달려드는 것은 피하고 싶었던 게 사실이에요. 하지만 문제는 상품기획이나 고객관리에 있는 것 같지 않아요. 비용과 이익이 문제죠."

"자세히 얘기해보렴."

"음…. 단적으로 말하면 이런 거예요. 옷의 품질 자체는 아주 좋아요. 몇 달 안 됐지만, 상품을 구입한 고객의 만족도도 상당히 높은 편이죠. 그런데 매출액은 다달이 늘어나는 데 비해, 병아리 눈물만큼 적은 이익은 제자리걸음이에요. 현금은 들어오는 족족 비용으로 나가니, '밥 벌어먹고 살기 참 힘들구나' 절감하고 있다니까요. 그러니까 아빠, 가난한 딸한테 맛있는 거 많이 사주셔야 해요, 하하."

자신 앞에서 큰 소리로 웃으면서도 그간 스트레스가 꽤나 쌓였는지 마냥 밝지만은 않은 딸을 바라보며 교수는 생각한다.

'지금 기장이는 원가와 재고의 덫에 빠진 모양이구나! 비용과 이익의 문제라니 핵심은 제대로 파악하고 있는 것 같은데…. 이 녀석, 관리회계는 아예 떠올리지도 못하고 있는 거야?'

그때 코스의 첫 번째 요리가 나왔다.

교수,
비용과 이익을 프로듀스하다!

'레몬 발사믹 드레싱을 곁들인 관자살과 아보카도'가 에피타이저로 테이블에 올랐다. 미식을 즐기는 두 부녀의 얼굴에 화색이 돈다. 포크로 찍어 입 안에 넣는 순간 퍼지는 상큼한 향과 부드러운 식감. 미소로 만족감을 표시한 유교수는 자연스럽게 대화를 이어나간다.

"네가 말한 '비용과 이익의 문제'라는 게 정확히 뭘 의미하는 거니?"

"아빠도 참~, 뭐 그런 걸 물어보세요? 매출액에서 비용을 뺀 것이 이익이라는 건 기본적인 거잖아요. 비용이 많이 들어가니 아무리 팔아봤자 본전 찾기도 힘들다는 거죠, 뭐."

"그래, 일반적으로 재무회계에서는 '매출액-비용 = 이익'이라고 설명하고 있지. 하지만 몇 달이라도 회사를 경영해봤으니 너도 어느 정도 인식하고 있을 거야. 실제 경영현장에서 비용과 이익은 좀 다른 의미로 해석된다는 것 말이야."

뭔가 골똘히 생각하는 기장씨의 미간이 살짝 찌푸려졌다. 교수는 빙긋 웃으며 딸의 대답을 기다렸다.

"자, 말해보렴. 나도 내 딸에 대한 기대치가 있단다."

"음…, 아빠 말씀은, 비용이라고 뭉뚱그려 판단하지 말고, 매출액에 비례해서 증가하거나 감소하는 변동비가 얼마나 나가고 있는지 파악해야 한다는 건가요?"

"일단 50점. 변동비를 줄여나가기 위해 다양한 방법을 찾는 것이 관리자의 역할이라는 게 절반이고, 나머지 절반도 이야기해보렴."

"아아~ 어렵다~. 누가 회계학 교수님 아니시라고 할까봐. 음…, 비용문제가 50점이라면 이익문제가 남았을 텐데…."

"변동비 하면 생각나는 이익 개념이 뭐지?"

"아, 맞다. 공헌이익이로군요."

"정답. 매출액에서 변동비를 빼면 들어오는 현금이 얼마인지 구할 수 있지. 바로 이 공헌이익 개념을 생각한다면 상품매입계획을 세우거나 수익성을 측정할 때 훨씬 유용하겠지."

유교수와 기장씨가 다른 테이블의 누군가가 듣는다면 고개를 갸웃할 이야기들을 주고받는 동안 '고소한 아몬드가 뿌려진 시금

치 수프' 와 '파마산치즈와 블랙올리브를 함께 얹은 로메인 시저 샐러드' 가 나왔다. 교수는 남아있던 녹차맛 식전빵을 수프에 찍어 먹었다.

"자, 그럼, 하나씩 생각해보자. 상품매매회사인 스패디션의 변동비에는 뭐가 있지?"

샐러드 속의 방울토마토를 포크로 찍으며 기장씨가 대답했다.

"음…, 일단 옷을 사들이는 사입비용이 있고요. 전자결제에 따른 수수료도 들어가요. 택배회사에 지불하는 배송비용은 말할 것도 없고요. 아, 8번가나 고양이마켓 같은 오픈마켓들은 입점업체에 판매수수료를 떼어가니 그것도 변동비에 속하겠네요."

"그렇구나. 그 중에 네 고민거리가 있겠지?"

"맞아요, 아빠. 카드결제가 주가 되는 인터넷쇼핑몰이라면 결제수수료가 나가는 건 당연한 거고요. 오픈마켓 판매수수료도 홍보를 위해서라면 어쩔 수 없어요. 그런 대형쇼핑몰에서 우리 옷을 접한 고객들이 스패디션 사이트를 찾아오는 일도 많으니까요. 문제는 사입비용과 배송비용이에요."

"사입비용이라…. 사입이라는 게, 판매자가 공급자에게 가져온 물건값을 전액 지불하는 방식이지?"

"네. 그러니까 만약에 안 팔리면 위험부담이 크죠. 재고를 떠안아야 하니까요. 대형쇼핑몰이라면 위탁판매가 가능하겠지만, 저희 같은 신생업체에 위탁이 가능한 경우는 거의 없어요."

"음…, 위탁으로 물건을 가져와서 판매된 수량만큼만 공급자에게 지불한다면 재고부담이 없겠구나. 하지만 팔리지 않아도 판매자가 위험에 노출되지 않는다니, 정당하지 못한 거래방식이야."

"네, 그래서 최근 유통업계에서 온라인시장의 주류를 형성해왔던 군소 쇼핑몰의 성장은 주춤한 반면 오픈마켓은 급성장하고 있어요. 덩치가 클수록 더 안전하고, 몸집이 작을수록 더 위험하니, 이런 걸 대마불사(大馬不死)라고 하는 건가요?"

웨이터가 작은 컵 두 개가 놓인 쟁반을 들고 두 사람의 좌석으로 다가왔다. 코스의 중간 입가심용 '단풍나무 수액을 뿌린 레몬 셔벗'이 테이블 위에 올랐다. 새콤달콤한 시원함이 혀를 달래주었다.

시무룩한 표정으로 컵 바닥에 녹아 있는 셔벗을 스푼으로 휘저으며 기장씨는 말을 이었다.

"지난달에 블로그에서 조회수와 댓글수가 많고 고객반응이 좋았던 벨벳 원피스를 100벌이나 구입했어요. 잘 팔릴 거라는 확신이 있었거든요. 그런데 '날씨가 안티' 지 뭐예요. 이 원피스는 늦가을에서 초겨울 정도에 가벼운 외투와 같이 입으면 딱 좋을 정도인데, 아시다시피 올해는 찌는 듯한 여름에서 곧장 덜덜 떨리는 겨울

로 넘어가버렸잖아요. 내복을 입어도 모자란 날씨인데 아무리 두꺼운 겉옷을 입어도 속에 이 원피스 달랑 하나 입고는 버티기 힘들지요. 그래서 겨우 10벌 남짓 팔리고는 고스란히 재고로 남아버렸어요. 매입가가 10만 원이 넘는 비교적 고가의 상품인데, 손해가 말이 아니게 됐지요."

"아무리 상품에 확신이 있어도 그만한 양을 한꺼번에 주문하다니 통도 크구나! 팔리는 추이를 살펴보고 그때그때 조금씩 주문하지 그랬니?"

"대량매입으로 상품원가를 낮출 수 있으니까요. 공장을 운영하면서 디자인, 원단, 납품을 직접 진행하는 도매상에서는 30벌 이하의 소량주문은 받지도 않거든요."

"음…, 그렇다 하더라도 상품매매업체라면 언제나 JIT*를 생각해야 해. 그렇지 않으면 매입단가를 아무리 낮춰도 재고상품의 유

---

* JIT는 'Just In Time'의 약자로, '필요한 것을 필요한 때에 필요한 만큼만'이라는 의미이다. 일본의 도요타자동차에서 처음 도입했으며, 제조업의 타이밍경영을 위해 유용한 수단이다. 적시 생산·구매를 통해 재고관리에 의한 낭비를 효과적으로 줄임으로써 원가절감에 이를 수 있다. 1960년대 이후 도요타자동차에 높은 생산성 향상을 가져다준 적시생산시스템(JIT Manufacturing)은 원재료부터 완성품까지의 연결된 생산공정에서 마지막 단계의 제품수요가 생산량을 결정하고, 생산량이 재료구입을 초래하는 방식으로 각 생산단계가 다음 단계의 요구에 의해 끌려간다는 의미에서 풀(pull)시스템이라고도 한다. 이와 달리 과거의 생산방식은 재료를 구입한 후 수요와 무관하게 밀어내기식 생산에 박차를 가해 재고를 유지한 후 이를 판매하는 푸시(push)시스템이었다. JIT생산은 단순히 재고수준만 낮추는 데서 그치는 것이 아니라, 품질개선활동으로 이어진다. 재고가 적으면 불량에 대한 수요를 여유재고로 벌충하기 어렵고, 따라서 작업자들은 필요한 만큼만 생산한 후의 여유시간에 품질개선에 주력한다.

지·관리비용이 더 들어갈 수 있지. 심지어 가격할인이나 땡처리 등으로 이어져 돈만 날리고 사업은 망하는 경우가 허다하단다."

"적시구매시스템(JIT Purchasing)을 말씀하시는 건가요?"

"그래, 아직 잊지 않고 있구나. 필요한 상품을 필요한 시점에 맞춰 구매해 재고수준을 최소로 낮추는 시스템 말이다. 고객의 빠른 기호 변화로 인해 제품수명이 급격히 짧아지고 소비자의 니즈가 다양해짐에 따라 재고관리원가, 진부화(陳腐化)원가*, 재고에 묶인 자금비용 등 재고유지원가가 점점 증가하고 있지 않니."

"휴…. 그렇긴 하지만 자동차회사 같은 제조기업이라면 모르겠는데, 스패디션 같은 인터넷쇼핑몰에도 그 이론이 적용될 수 있을까요?"

"물론이지. 인터넷쇼핑몰이기 때문에 더욱 심각하게 고민해야 하는 문제야. 상품을 쌓아둘 만한 창고가 따로 있는 것도 아니잖니. 결국 기장이 네가 고민하고 있던 사입비용문제는 핵심이 아니란다. 얼마나 싸게 들여오느냐가 아니라 얼마나 낭비를 줄이느냐가 관건이야. 재고와 외상은 적으면 적을수록 좋지. 인터넷쇼핑몰은 결제가 완료된 다음 상품이 출고되는 시스템이기 때문에 외상

• 진부화원가는 유행의 변화 등으로 자산가치가 감소함으로 인해 발생하는 원가다. 재고자산에서는 손상과 변색 등 물질적 원인에 의해 자산가치가 감소한다.

❖ **재고관리 의사결정에 영향을 미치는 관련 원가**

취득원가	구입비, 운송비 등 부대비용
주문원가	상품의 선정, 주문, 정산, 검수 등과 관련해 발생하는 비용
재고유지원가	보관비나 훼손(도난, 진부화, 손상)에 따른 손실비용 등 상품을 보유함으로써 들어가는 비용
재고부족원가	판매기회 및 고객 상실 등 재고부족이나 품절로 인해 발생하는 기회비용.

매출이 존재할 수 없다는 게 큰 장점이지. 하지만 문제는 재고야. 재고란 곧 낭비지. 재고관리 역량에 따라 사업의 존폐가 결정될 수 있어."

교수의 설명이 이어지는 가운데 코스의 메인요리가 등장했다. '셰프(chef) 특선 오븐에 구운 최상급 캐나다산 바다가재' 요리가 상에 오르자, 빛이 나는 것 같았다. 사이드메뉴로는 매쉬드 포테이토 및 구운 아스파라거스와 파프리카가 곁들여 있다.

커다란 바다가재를 보고 탄성을 내뱉은 유교수는 양손에 일반 포크와 갑각류의 살을 바르는 가느다란 랍스타포크를 들고 딸에게 말했다.

"캐나다산 랍스타는 세계 최고로 친단다. 겨울에는 특히 물이 올라서 맛이 가장 좋지. 자, 일단 먹고 이야기하자."

교수,
새 판을 짜도록 제안하다!

유교수가 팔을 걷어붙이고 반으로 갈라진 바다가재의 살을 발라 기장씨와 자신의 접시에 덜고 있는 사이, 또 다른 메인메뉴 등장. '레드와인 소스의 비프 스테이크' 는 구운 토마토와 갈릭포테이토를 곁들여 나왔다. 두 사람은 심각한 이야기는 잠시 잊고 음식에 집중한다.

"음~ 이 랍스터 살이 정말 많네요, 아빠. 스테이크도 굽기가 딱 좋아요."

"정말 그렇구나. 소스도 입맛에 아주 딱 맞아. 맛있는 음식을 먹고 행복한 기분을 느끼면 머리도 잘 돌아가기 마련이니 많이 먹어라."

"네. …그런데 아빠, 재고란 곧 낭비라고 하셨는데요. JIT는 이론상으로는 간단하지만 실무에 적용하기엔 쉽지 않은 것 같아요. 재고를 보유하지 않은 상태에서 긴급한 수요가 발생하면 어쩌지요? 고객으로부터 주문이 들어오는 즉시 그 상품을 매입하는 것이 현실적으로는 어려운 문제니까요. 어떤 때는 재고가 산더미처럼 쌓여서 그 밑에 깔릴 지경이고, 어느 상품은 없어서 못 팔고…. 제가 주름이 늘어요, 주름이."

"바로 그런 재고부족비용 때문에 공급자와의 유대관계가 강화되어 있어야 하는 거란다. 적시구매의 기본개념은, 적시생산을 하는 제조업자와 필요로 하는 제품을 필요한 시점에 소량씩 요구하는 장소로 공급하는 것에 대해 장기계약을 맺는 거야. 구매자 입장에서는 보유하고 있어야 할 최저물량만을 가지고 재고수준을 줄이는 동시에 공급이 안정되는 이점이 있어. 세계적인 할인판매점 중에 적시구매시스템으로 유명한 사례가 있지."

"월마트를 말씀하시는 건가요?"

"그래. 재고수준을 낮춰 재고유지원가를 낮추면 주문원가가 증가하는 단점이 있지. 이 문제에 대응해 월마트의 경우 주문원가를 낮추기 위해 상품주문을 일일이 서류처리하지 않고, 월마트의 재고관리시스템과 협력업체의 전산시스템을 연결하는 방법을 선택했어. 협력업체가 월마트에 납품한 상품의 재고수준 변화를 그때그때 파악할 수 있으니, 해당 재고가 어느 수준 이하로 떨어지면 자동으로 납품하는 것이 가능해졌지. 월마트는 정기적으로 가격정산을 하는 장기계약을 체결함으로써 주문원가를 줄일 수 있게 된 거야. 다른 측면에서는 분할구매에 따른 운반비용 증가가 우려되기도 하지만 또 다른 돌파구가 있지. 도매상과 인터넷쇼핑몰을 이어주는 바이어가 있다고 들었는데, 알고 있니?"

"아, 저도 거래하고 있는 도매상 사장님한테 지나가는 말로 들은 적이 있어요. 제품을 주문·구입해서 쇼핑몰로 보내주는 일을 하는 분들이 있다고요. 심지어 쇼핑몰 컨셉에 어울리는 샘플을 골라주거나, 고객에게 배송하는 일까지 담당하는 사람도 있는 것 같아요."

"상품의 원활한 공급을 도와주는 인적자원을 적극 활용할 필요도 있단다. 중간과정에서 이윤폭이 줄어든다고만 생각하면 더 크게 잃을 수 있지. 고객기호의 빠른 변화에 의해 상품 수명이 짧은 인터넷쇼핑몰의 경우 상품 진부화로 인한 재고유지원가 부담이 큰 만큼 소량주문이 더욱 필요할 수밖에 없어."

"패션바이어를 통해 적시구매시스템을 확립하라…. 아빠 말씀 꼭 기억하고 제대로 알아볼게요."

유교수는 물잔을 들어 마른 입술을 축였다.

"그래. 그리고 소량주문으로 인한 원가상승문제를 해결하는 데 도움을 주는 개념이 있지. 바로 경제적 주문량*이야. 재고관리를 위한 하나의 접근방법이라고 할 수 있는데, 재고관리비용이 가장

▼ 경제적 주문량 모형

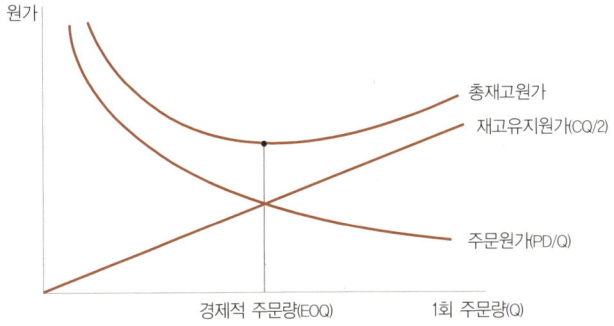

※재고관련총원가를 주문량에 대해 미분해 총원가를 최소화하는 것이 경제적 주문량(EOQ)이다.

$$PD/Q^2 = C/2 \rightarrow EOQ = \sqrt{2DP/C}$$

* 재고관련총원가
  = 총주문원가 + 총재고유지원가
  = 주문당 주문원가(P) × 주문횟수 + 단위당 연간 유지원가(C) × 평균 재고수준
* 주문횟수 = 연간 총수요(D) / 1회 주문량(Q)
* 평균 재고수준 = 1회 주문량(Q) / 2

경제적으로 투입되는 재고수준을 유지하기 위한 목적으로 이용하는 모형이란다."

비프 스테이크를 썰던 기장씨가 고개를 갸우뚱하며 물었다.

"하지만 아빠, 경제적 주문량이 정확히 어떤 이론인지 기억이

• 경제적 주문량(EOQ : Economic Order Quantity)은 주문비용과 재고유지비가 최소가 되게 하는 1회 주문량을 말한다.

▼ 적시구매시스템에서의 경제적 주문량

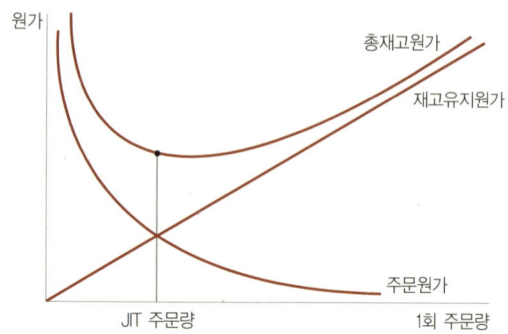

※증가한 재고유지원가와 감소된 주문원가가 최적의 주문량과 재고량을 상당히 낮게 만들어 적시주문시스템을 경제적으로 만든다.

주문당 주문원가(P)가 1회 10만 원, 연간 총수요(D)가 8만 벌, 단위당 연간 유지원가(C)가 1천 원이라면,

* 경제적 주문량 = $\sqrt{2 \times 8만 벌 \times 10만 원 / 1천 원}$ = 4천 벌
* 주문횟수 = D/Q = 8만 벌 / 4천 벌 = 20회
* 총주문원가 = 10만 원 × 20회 = 200만 원
* 총재고유지원가 = 1천 원 × 4천 벌 / 2 = 200만 원
* 재고관련총원가 = 200만 원 + 200만 원 = 400만 원

가물가물하지만, 예전에 배운 바로는 조금 난감한 내용이었어요."

"그렇게 기억하고 있는 건 아마도 모형 성립의 전제가 되는 가정 때문일 거야. 재고자산의 수요와 사용이 일정하며 사전에 그 양을 알고 있다, 단위당 구입가격은 구입량에 관계없이 일정하다, 단위당 재고유지비용과 1회 주문비용은 재고수준과 주문량에 관계

없이 일정하다, 조달기간이 일정하며 재고부족은 없다. 바로 이 네 가지 가정 말이지?"

"네! 수요가 일정해 정확히 예측할 수 있는 것도 아니고, 구입가격이 수량에 상관없이 늘 같은 것도 아니고, 재고부족사태가 일어나지 말란 법도 없으니까요."

"기장이 네 말처럼 비현실적이라는 문제가 제기되기도 하지만 경제적 주문량이라는 개념 자체가 무의미한 것은 결코 아니야. 회사가 처해 있는 조건에 맞도록 변형시켜 재고관리를 위한 의사결정에 활용할 수 있지. 목적에 맞지 않는 시스템은 언제든 몇 번이고 수정하는 것이 당연해."

"음, 스패디션의 재고관리에 어떤 허점이 있었는지 이제 잘 알 것 같아요. 내일부터 당장 아빠가 알려주신 내용만 적용해봐도 한결 나아질 것 같은데요. 그리고 상품이 판매되는 동향을 잘 파악하는 것이 중요하겠네요. 재고 때문에 망하지 않으려면요. 최적의 재고관리를 위해 인기 없는 상품은 과감하게 할인해서 팔아 없애는 방안도 고민해봐야겠고요."

교수,
이기는 습관의 씨를 뿌리다!

　어느덧 두 사람이 접시를 깨끗이 비우자, 웨이터는 마지막 코스인 디저트를 내왔다. 유교수 앞에는 '바닐라 아이스크림을 얹은 바나나 타르트'가, 기장씨 앞에는 '아몬드 케이크와 스트로베리 아이스크림'이 자리를 잡았다. 아버지 입맛을 닮아 단것을 무척 좋아하는 기장씨가 한 스푼 입에 넣고는 행복에 겨운 표정을 지었다.

　"이것도 마저 먹어보렴. 카라멜 소스에 절인 바나나가 정말 달콤하구나."

　"네, 아빠도 이것 드셔보세요. 고소하면서도 달달한 게 딱 아빠가 좋아하실 만한 맛인 걸요!"

　맛있는 간식은 아내인 금여사에게조차 양보하고 싶지 않은 유교수지만, 딸 기장씨만큼은 무엇을 줘도 아깝지 않다.

"참, 한 가지 궁금한 게 있단다."

유교수가 호기심 어린 눈빛으로 딸에게 질문했다.

"뭔데요, 아빠?"

"요즘 애인은 있니? 이십대 청춘을 즐길 시간도 몇 년 남지 않았는데 너무 일만 하면 못쓴다."

"아빠도 참. 제가 연애할 시간이 어디 있나요? 귀국해서부터 지금까지 눈코 뜰 새 없었다고요. 친구들 만나는 일도 만만치 않았는걸요."

"그거야 또 모르지. 그때 그 홍식이랑 태평이랑 도진이는 요즘 뭐 하는지 궁금하구나. 기장이 너야 그냥 같은 과 동기가 속마음 얘기하는 편한 남자친구가 되고, 또 밥이나 먹는 사이라던 남자가 나중에 결혼할 사이로 둔갑하던 게 일상다반사였잖니. 애인으로 인식하는 시점이야 네 마음 가는 대로겠지."

"아시면서 뭘 물어보신담."

장난 섞인 아버지의 지적에 기장씨는 입을 삐죽거린다. 그 모습을 귀엽다는 듯 바라보던 교수는 곧 대화를 이었다.

"애인은 그렇다 치고, 고객으로부터 주문이 들어오면 매출로 인식하는 시점은 언제로 잡고 있니?"

"매출로 잡는 타이밍이요?"

교수의 뜬금없는 연관에 기장씨는 잠시 어리둥절했다.

"그래. 인터넷쇼핑몰이 매출을 인식하는 시점도 사장의 재량에 따라 얼마든지 달라질 수 있지 않니. 상품주문이 접수된 단계에서 인식할 수도, 카드결제 또는 무통장입금이 이루어진 단계에서 인식할 수도, 고객에게 상품이 인도된 단계에서 인식할 수도, 그것도 아니면 반품 또는 환불로 이어지지 않았음이 확정되는 단계에서 인식할 수도 있지. 스패디션의 경우 어떤 단계에서 매출로 인식하고 있지?"

"음…, 저희는 말씀하신 세 번째 단계에서 매출로 잡고 있어요. 고객이 상품을 접수한 단계면 충분하지 않을까 생각하는데요."

"그렇구나. 온라인판매가 활성화된 요즘에는 그렇게 매출 인식을 하는 것이 일반적이지. 재무회계를 적용한다면 그런대로 모범적인 기준으로 분류될 거야. 분식회계의 가능성을 상당부분 차단할 수 있는 길이니까. 이해관계자들에게 보여주기 위한 재무제표를 작성할 때, 주문을 받은 시점에 매출이 발생한 것으로 처리해 당월의 이익을 부풀리는 경우도 드물지 않거든. 주문이란 건 언제든 취소될 수 있는 단계인데도 말이야."

"네, 창고에서 상품이 출하된 시점에 매출로 인식하는 경우도 많이 있더라고요. 그 편이 데이터를 관리하는 데 편하기는 하지만 중간에 배송사고가 나는 경우도 많아서 아무래도 찜찜하던데요. 아빠는 저희 기준에 대해 어떻게 생각하세요? 고객이 상품구매를 확정한 단계에서 매출로 인식하는 것 말이에요."

"그 정도면 합격점에 가깝다고 할 수 있어. 하지만 기장아, 옷이라는 건 고객의 갈대 같은 심경의 변화에 따라 너무 많은 부분이 좌우되는 품목이 아닐까? 반품·교환이나 환불의 가능성이 너무 큰 것 같구나. 사이즈가 조금만 안 맞아도, 생각했던 것과 색상이 조금만 달라도, 옷감의 재질이나 단추의 생김새 하나에도 고객은 변심해버리지. 그런 의미에서 나는 고객의 검수까지 모두 끝난 시점, 모든 게 확실해진 다음 매출을 보수적으로 인식하는 것이, 온라인의 바다에서 부표처럼 흔들리는 인터넷쇼핑몰을 안정적으로 유지하고 스패디션을 탄탄하게 운영하는 길이라고 생각한단다."

"그렇군요. 아빠 말씀이 맞아요. 아무리 상품 자체에 하자가 없다고 해도 반품·환불이 발생하지 않는 경우는 없어요. 그러면 매출로 인식했던 것을 취소하게 되거나, 때로는 추가 운임비용이 들기도 하죠."

❖ 인터넷쇼핑몰의 바람직한 매출인식시점

주문 접수 – 결제 완료 – 상품 출하 – 고객 인도 – **접수 완료**
                                              (반품·환불 X)
                                              ↑
                                        보수적으로 인식하는 것이 좋다.

기장씨는 단맛에 얼얼해진 혀를 개운하게 입가심하고 싶어 웨이터를 불러 코스의 마지막을 주문했다. 유교수는 보이차를, 기장씨는 자스민차를 선택했다.

유교수가 그윽한 다향(茶香)을 맡으며 기장씨에게 질문했다.
"자, 우리가 매출인식에 관한 얘기를 나눈 근본적인 이유가 뭘까? 그건 매출을 정확히 인식하고 나서야 비용을 인식할 수 있고, 이어서 이익을 산출할 수 있어서겠지. 그럼 이제 변동비를 줄일 수 있는 아이디어가 떠올랐니?"
"음…, 최대한 신속하게 고객의 구매를 확정짓고 매출로 인식하기 위해서는 제품품질을 더욱 높여야 한다? 결과적으로 그게 반품·교환·재발송 등 배송비용을 절감하는 방법이기 때문에?"
미간을 잔뜩 찌푸리며 대답을 궁리하는 딸을 보자 교수는 슬그머니 웃음이 나왔다.
"왜 웃으세요, 아빠. 에헷, 제가 너무 단번에 정곡을 찔렀나?"
"인상이나 좀 풀려무나. 그런 모양새로 그런 말을 해봤자 설득력이 떨어진단다."
차를 한 모금 마신 교수가 이야기를 계속했다.
"서울을 가긴 갔는데 모로 간 것 같구나."
"에? 답은 맞는데 과정이 틀린 건가요?"

"흠, 분명 내가 생각한 정답은 아니야. 반품 등을 줄여 배송비용을 절감하는 가장 좋은 방법은 품질을 높이는 것이 아니라 배송을 더 빠르게 하는 것이란다. 오프라인 매장에서 상품을 선택할 때는 품질이 구매를 결정하지만, 인터넷쇼핑몰사업에서는 배송이야말로 고객을 만족시키는 가장 핵심적인 요인이거든."

"아, 제가 헛다리를 짚었네요."

"그건 스패디션이 상품매매업이라는 걸 인지하고 있지만 온라인 매장이라는 사실은 간과하고 있기 때문이야. 배송이 길어질수록 반품률이 높아진다는 걸 채 파악하지 못한 거지."

"배송이 왜 반품률을 좌우하는 걸까요?"

"일반 오프라인 매장에서 물건을 고를 때 고객은 구매한 상품을 즉각 들고 올 수 있지. 하지만 인터넷쇼핑몰은 상품이 배송될 때까지 고스란히 기다려야 해. 그런데 그 대기시간 동안 구매한 물건에 대한 기대치는 점점 높아진단 말이야. 그러다 상품을 받고 티끌만 한 흠이나 불만족스러운 부분이 보이면 반품해달라는 저항심리가 생기는 거지."

"어휴, 저도 마찬가지지만 고객은 정말 변덕이 죽 끓듯 하네요."

"그래, 고객은 기장이 꼭 너 같지. 기다리는 시간이 길어질수록 더 싸고 더 품질 좋은 제품을 발견할 수 있는 시간도 늘어나기 때문에 원래 구매한 상품에 불만을 가질 확률도 높아지는 거란다. 그래서 너도 군대 간 도진이 반품시키고 현철이랑 사귀지 않았니."

"아빠! 자꾸 그런 말씀하실 거예요?"

교수가 놀리면 즉각 반응하는 기장씨는 아직 다 식지 않은 자스민차를 한 입에 털어 넣었다.

"생각해보니 신속한 배송이 얼마나 중요한지 잘 알겠어요. 오늘 주문 들어온 것을 내일 도착하게끔 처리한 상품은 반품이 거의 발생하지 않았거든요. 하지만 제품이 품절됐거나 택배사 사정으로 배송이 지연됐을 때는 반품률이 엄청나게 높아졌어요."

"그러니까 특별한 경우가 아니라면 익일배송을 원칙으로 하고, 배송이 늦어질 상황에는 고객에게 반드시 양해를 구해야 한단다. 배송지연으로 기대치가 최고조에 달해 있을 때 고객이 상품포장을 뜯는다면, 먼지나 실밥 조금 묻은 것조차 큰 결함으로 취급받을 수 있으니까. 높은 품질에 못지않게 고객이 중요하게 여기는 것은 빠른 고객대응*이란 걸 잊지 말렴."

"네. 배송의 스피드가 무엇보다 우선이란 걸 명심할게요. 반품률을 낮추고 결과적으로 변동비 감소에 기여하는 방법이라는 걸요. 생각해보면 별다른 의미 없이 흘려보낸 대기시간들이 꽤 있었

---

* 상품매매업에서 주문부터 납품까지의 고객대응시간(customer response time)은 접수시간, 리드타임(주문받은 시점부터 상품을 준비해 출고하는 시점까지), 배달시간으로 구성된다. 이 과정에서 부가가치가 없는 대기시간을 줄이는 방법을 찾아야 한다.

는데, 그런 공백들만 메워도 고객만족도를 한결 높일 수 있을 것 같네요."

식사를 마치고 나른한 포만감을 느끼는 두 부녀의 입가에 기분 좋은 미소가 감돌았다.

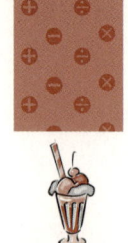
교수,
유람선 데이트를 즐기다!

계산을 마치고 레스토랑을 나온 유교수. 출입구 밖에 딸 기장 씨가 찬바람을 맞으며 서 있다.

"추운데 왜 거기서 기다리고 있어?"

"아, 바람 쐬면서 한강 구경 좀 하느라고요."

"그래, 이만 차에 타자. 오늘은 세상없어도 집에 가서 네 엄마 눈도장 찍고 자고 가렴."

"흐흐, 안 그래도 엄마한테 전화해뒀어요. 그런데 아빠, 잠깐만요."

"왜? 표정을 보니 뭔가 꿍꿍이가 있어 보이는구나."

"우리 아버지는 왜 이렇게 의심이 많으실까?"

"의심 없이 무차별적으로 수용하는 것이야말로 회계적 사고의 적이니까. 현재 일어나고 있는 일은 모두 올바른 일이며, 어떤 식으로든 전체에 공헌하고 있을 것이라는 위험한 선입관이 개선의 여지를 막아버린단다. 오히려 지금 일어나고 있는 일은 모두 잘못된 일이고, 처음부터 재구성하거나 아니면 방향을 전환하기라도 해야 한다고 생각하는 데서 관리회계가 출발하는 거지."

"아이, 참. 또 뭘 그렇게 심각하게 생각하세요! 그냥 오랜만에 아빠랑 좀더 데이트하고 싶어서 그래요. 아빠는 한강유람선 타본 지 얼마나 되셨어요?"

"응? 유람선? 그거야…, 너희들 어릴 적에 마지막으로 타봤으니 20년은 족히 됐구나."

"그렇죠? 제 취학 기념으로 온 가족이 다함께 탄 그때가 저도 처음이자 마지막이에요. 그 이후론 통 기회가 없었지 뭐예요. 그러니까 아빠, 유람선 한번 타고 가요!"

"우리가 지금 나온 저 레스토랑도 배잖니. 물 위에 떠 있지 않고 움직이지만 않을 뿐이지 분명 배라고!"

움직이는 배는 멀미나서 싫다는 유교수의 외침은 머지않아 고요한 강바닥 아래로 가라앉았다.

결국 다 큰 딸자식의 성화에 못 이겨 유람선에 오른 유교수. 잠실선착장에서 출발해 반포를 거쳐 잠실로 회항하는 1시간 30분 코스다. 잔잔하게 출렁이는 겨울의 한강이 밤하늘을 찌르는 마천루의 불빛을 비추며 반짝인다.

"어떠세요, 아빠? 생각보다 많이 흔들리지 않죠? 전 너무 좋아요!"

"그래. 이렇게 보니 서울도 야경이 꽤나 멋진 도시로구나. 하지만 역시 멀미약을 붙이길 잘했다. 일이 벌어진 다음에 수습하는 것보다는 미리미리 방지하는 게 최선이지."

색색의 레이저쇼가 펼쳐지는 모습을 바라보며 이야기하는 교수의 얼굴이 뽀얀 입김에 가려졌다.

"하하…, 학교 다닐 때 아침마다 절 깨우면서 아빠가 하시던 말씀이 생각나네요. '버스 떠난 뒤에 후회해도 소용없다.'"

"그건 만고불변의 진리인 걸. 회계에도 똑같이 적용되는 이치란다. 원가관리문제에 있어서는 넘치는 100원을 절감하는 것보다 100원의 여분을 더 보태지 않는 것이 훨씬 쉬운 길이란다. 벤저민 프랭클린도 이렇게 말했지. '1온스의 예방활동이 1파운드의 치료와 같은 가치가 있다' 고. 비용관리란 비용을 삭감하는 것이 아닌 예방의 문제야. 따라서 평상시에 원가가 수익보다 더 빠른 속도로 상승하고 있지 않는지 늘 주시해야 해. 마찬가지로 수익이 악화되거나 경기가 나빠질 때도 원가가 수익과 비슷한 속도로 떨어지고 있는지 항상 확인하는 자세가 필요하단다."

"비용예방이란 건 끝이 없는 뫼비우스의 띠나 마찬가지로군요."

"맞아. 우리가 아까 레스토랑에서 '변동비를 줄여서 원가의 군살을 제거해야 한다'는 주제로 한참 얘기하긴 했지만, 사실 비용이란 건 그 본질을 따지면 결코 줄어들지 않는 속성이 있어. 하나를 때려잡으면 다른 놈들이 고개를 내미는 두더지 잡기 게임과 비슷하다는 의미야. 영국의 행정학자 파킨슨이 공공행정조직을 관찰한 후에 발견한 두 번째 법칙은 '지출은 수입만큼 늘어난다'야. 비용은 내버려두면 반드시 증가하기 때문에, 비용의 효율성을 지속적으로 고민해야만 하지."

"무슨 의미인지 잘 알겠어요. 비용이 더 이상 늘어나지 않도록 철저하게 관리하는 동시에 비용절감에 대한 노력도 멈추지 말라는 말씀이시죠?"

고개를 끄덕이며 말하는 기장씨에게 미소 띤 얼굴로 교수가 지적했다.

"그래. 하지만 '어떻게 하면 효율적으로 운영할 수 있을까'를 자문하는 건 너무 안이한 수준이야. '만약 현재의 비용투하를 당장 중단시킨다면 사업이 무너질까'처럼 비교적 극단적인 질문이 필요해. 그 대답이 '아니다'라면 그 활동은 불필요한 것이고, 제거되어야 마땅하지. 실제로 비용절감에 대한 필요성을 느낄 때까지 기다리면 이미 늦어버리는 경우가 많아. 성공한 기업들은 비용절감이 일상적인 시스템 안에 녹아 있지. 중요한 것은 모든 제품과 서비스를 점검할 수 있는 체계적인 프로세스를 수립하는 거란다. 만약 어떤 부분이 고객의 가치에 더 이상 기여하지 않는다면 즉각 포기해야만 해."

"아, 그렇잖아도 요즘 모델 기용 건 때문에 꽤 골치가 아팠어요. 얼굴이 알려진 건 아니라도 모델에이전시에 등록된 프로들은 아무리 쇼핑몰 의류피팅모델이라고 해도 시간당 임금이 상당하거든요. 8~10만 원 시급에 하루 3시간 정도 촬영하고, 식대와 차비는 따로 받죠. 비싼 만큼 값어치를 한다고, 프로들이 입어주면 확실히 옷이 살아요. 저 같은 일반인과는 차원이 다르죠."

"쓰면 좋고 없으면 아쉽기는 하지만 '정말 꼭 필요한가' 하는 질문에 부딪힌 거로구나."

"네, 고작 상품페이지 한두 개 채우는 게 아니니까요. 카테고리마다 수십 종의 상품이 있고, 각 상품마다 여러 각도에서 바라본 사진이 필요해요. 시즌에 한 번 몰아서 찍는 것도 아니고 신상품이 수시로 업데이트되니, 쇼핑몰 하루 매출에서 모델 일평균임금을 제하고 나면 제 인건비도 안 나올 때가 있죠. 심지어 프로모델이 쇼핑몰의 이익을 잡아먹는 어처구니없는 경우도 생겨요."

"모델이 이익을 잡아먹는다니?"

"상품을 구매했던 고객이 모델과는 달리 옷이 전혀 어울리지 않는 스스로에게 좌절해 옷을 반품시켜버리는 거죠. 모델이 의상을 입고 있는 사진 속에서 무릎 위로 올라온 스커트 길이를 보고 샀는데 실제로 입어보니 장딴지를 가린다거나, 허리가 펑퍼짐한 항아리 원피스인 줄 알았는데 입어보니 배에 딱 붙는 게 복대 같다거나 하는 이유로 환불을 요구할 때면 차마 울 수도 웃을 수도 없어요."

한숨을 쉬며 이야기하는 기장씨를 바라보던 교수도 어이없이 웃어버렸다.

"허, 말로만 듣던 비현실적인 체형, 이기적인 몸매의 부작용이로구나."

"네, 그래서 모델학원에서 교육받은 경력 정도만 갖춘 아마추어 모델을 써볼까도 생각했어요. 그 친구들은 시급도 1~2만 원 수준이고, 체형이 그나마 일반인에 가깝거든요."

"그런데 고급인력에 익숙해 있는 안목으로는 막상 흡족하지가 않지?"

"네, 그런 것도 있고요. 카테고리별 킬러상품*만 A급 모델을 쓰고, 나머지 상품들은 마네킹에 입혀 찍어도 충분하지 않을까 하는 생각이 들기 시작한 거죠."

"음, 90퍼센트의 이익은 업무의 10퍼센트에 의해 창출되는 데

---

* 킬러상품(killer product)은 쇼핑몰의 모든 상품을 대표해 업체의 정체성을 표현하는 10~20퍼센트 비중의 간판상품을 일컫는다.

비해, 비용의 90퍼센트는 이익을 낳지 않는 나머지 90퍼센트의 업무에 의해 발생한단다. 일반적으로 경영자나 관리자의 머릿속에서 이익의 흐름은 비용의 흐름으로 연결되고, 비용의 흐름은 이익의 흐름을 불러오지. 하지만 현실에서 비용의 순환 따위는 거의 일어나지 않아. 즉 이익과 비용은 무관하다고도 할 수 있고, 이익이 비용을 감당한다고도 볼 수 있지. 따라서 의식적으로 이익을 낳는 활동에 주력하지 않으면 비용은 아무것도 낳지 않는 활동, 그저 바쁘기만 한 활동을 위해 쓰이기 쉽단다. 그런 의미에서 상품을 차별화해 비용의 투하에 변별력을 두는 것이 옳은 선택일 때가 있지."

그때였다. 한창 이야기 삼매경에 빠져 있는 두 사람의 시선에 하늘로 쏘아 올린 화려한 불꽃의 향연이 펼쳐졌다.

교수,
허방다리 피하는 법을 가르치다!

　장관이 펼쳐졌다. 뚝섬선착장 쪽에서 색색의 불꽃이 비산하는 가운데 곳곳에서 사람들의 탄성이 터져 나왔다. 곧 유람선 실외로 나온 인파 속에 유교수 부녀도 섞여들었다. 아버지의 팔짱을 낀 기장씨가 들뜬 기분을 감추지 못했다.

　"아빠, 저기 좀 보세요. 꼭 꽃다발 같지 않나요? 너무 예뻐요!"

　"그래, 우리 금여사님도 모시고 왔으면 좋았을 뻔했구나. 집에 가서 얘기하면 질투하겠는걸. 이런 좋은 구경 한 건 우리끼리 비밀로 하자."

　20여 분간 계속된 화려한 불꽃축제가 마지막 폭죽이 별똥별 같은 호를 그리며 떨어지고 비로소 마무리되었을 때, 유교수와 기장씨도 꽤나 한기를 느꼈는지 실내로 발을 옮겼다. 유람선 내부에는 훈훈한 기운이 느껴졌다.

기장씨가 불꽃의 잔영이 남아있는 눈빛으로 두 손을 모아 잡고 꿈꾸듯이 말했다.

"아빠, 어떻게 저토록 다양한 불꽃을 만들 수 있었을까요? 일반적인 공 모양 불꽃뿐만 아니라 장미도 있고 미키마우스도 있었어요."

"그러게 말이다. 참 신기하지? 젊을 적 일본에 연구교수로 몇 년간 가 있었을 때 하나비시(花火師)라고 불리는 불꽃장인을 만난 적이 있었단다. 일본에서 불꽃장인을 적극 양성한 건 아마도 전국시대부터라지. 다양한 약품을 계량해 특정 비율로 배합하는 과정에 의해 불꽃의 색과 빛, 음향 등이 결정된다고 하더구나. 면허도 있어야 하고, 장인이 되려면 10년 이상의 경력도 필요하다고 해."

"그렇군요. '다양한 상품을 선정해 특정 컨셉으로 조합' 하는 쇼핑몰과도 일맥상통하는 면이 있는 것 같지 않으세요? 흐훗."

"듣고 보니 일리가 있네. 다만 불꽃장인은 다년간의 경력자인데 비해 기장이 년 창업한 지 채 6개월도 안 된 초짜라는 점이 차이일까? 지식과 경험, 육감을 비교해볼 때 감히 비교도 안 되지."

"칫, 아버지 덕에 잔뜩 좋았던 기분이 가라앉고 있다고요. 자라는 싹에게 좀더 자신감을 심어주시면 안 돼요?"

"자, 초짜 사장님에게 필요한 건 근거 없는 자신감이 아니라 바로 경영관리능력이에요. 우리 따님이 흠뻑 반한 다양한 종류의 불꽃을 쇼핑몰에서 판매하는 상품이라고 생각해보자. 어떤 폭죽이 제일 잘나가는 인기불꽃인지 알아보려면 단순히 판매량을 구하면 되겠지만, 어떤 폭죽이 제일 많은 이익을 남겨 불꽃장인을 먹여 살리고 있는지 알아보려면 무엇부터 해야 할까?"

"음…, 먼저 폭죽 각각의 매출액을 뽑아봐야 해요. 그리고 매출원가가 얼마인지 알아야겠죠."

"매출액이야 금방 뽑아볼 수 있는 거고, 아무래도 매출원가가 문제겠구나. 매출원가라는 게 어떻게 계산하느냐에 따라 달라지거든. 바로 간접비 배분문제 때문인데, 간접비란 게 코에 걸면 코걸이 귀에 걸면 귀걸이잖니."

"음…, 스패디션의 경우에도 그 점이 제일 골치예요. 상품원가, 포장비, 택배비 같은 직접비는 산출하기 쉽지만 촬영장비나 솔루션 유지비(간접재료비), 모델 임금과 부대비용(간접노무비), 포털사이트 광고비나 재고상품 감가상각비(간접경비) 같은 간접원가를 어떻게 배분해야 할지 막막하다 보니, 이 매출원가가 과연 맞는지에 대한 의심도 들고요."

"과거에 비해 간접비의 비중이 증가하면서 그 중요성도 커졌지. 이삼십 년 전에 원가에서 차지하는 간접비 비중이 10퍼센트 남짓이었다면 최근에는 50퍼센트 이상이라고도 할 수 있어. 전자상거래 형식에 기반한 인터넷쇼핑몰은 그나마 간접비 비중이 덜한 편

▼ **스패디션의 매출원가 구성표**

직접비	직접재료비	상품원가, 포장비, 택배비 등	간접비	간접재료비	촬영장비, 솔루션 유지비 등
	직접노무비	인건비		간접노무비	모델 임금 및 부대비용 등
				간접경비	광고비, 감가상각비, 사무실 임대료, 전기세 등

이긴 하지만 말이다. 옛날 같으면 기업들이 가장 비중이 큰 노무비를 줄여 원가절감을 하는 데 초점을 맞췄지만, 요즘에는 간접비를 줄여 원가절감을 하는 게 관리회계상의 포인트야. 그런데 현저히 커진 비중에도 불구하고 여전히 예전 기준으로 간접비를 배분하다 보니 문제가 생기는 거지."

"아이는 자랐는데 그보다 더 어릴 때 입던 옷을 계속 입히고 있으니, 몸에 맞지 않아 아이도 괴롭고 옷도 터져나가는 꼴이로군요."

"그래. 정확한 비유야. 예전에야 간접비가 원가에 미치는 영향이 작다 보니 배분기준도 간단했거든. 하지만 이제 덩치가 워낙 커졌으니 간접비를 세분화해 더욱 자세히 들여다볼 필요가 생겼단다."

"불꽃장인이 만들던 전통폭죽이라면 간접비 배분이라고 해야 폭죽의 물량이나 투입된 노동시간, 가격에 비례하는 정도였겠지요?"

"그렇겠지. 반면 원가를 발생시키는 주체나 요인이 다양해진 현대의 사업체가 전통적 원가계산방법을 고수하려고 든다면 원가관리에 실패할 수밖에 없어. 매출원가계산을 잘못하면 팔수록 밑지는 상품을 판매하는 데 주력해 엉뚱하게 힘을 뺄 수도 있고, 황금알 낳는 상품을 천덕꾸러기로 무시해버리기도 하는 실수를 저지를 수 있으니 심혈을 기울여야 한단다. 과거와 달리 높은 수익증가가 쉽지 않은 상황에서 이익을 지속적으로 실현하기 위해서는 원가분석 결과를 활용해 성과가 우수한 부분에 대한 투자를 강화해야 하지."

"그럼 어떤 원가계산방법을 적용해야 할까요?"

"그 같은 고민에서 출발한 게 바로 활동기준원가계산*이야."

"아, ABC원가분석을 말씀하시는 거로군요."

"녀석, 잘도 아는 체하는구나. 그렇게 잘 알고 있는 녀석이 유용한 도구를 왜 제대로 사용할 줄 몰라?"

"에헤헤~ 사실은 들은풍월로 수박 겉핥기로만 알고 있는 거죠, 뭐. 아빠가 처음부터 다시 가르쳐주세요."

---

* 활동기준원가계산(ABC : Activity Based Cost)은 급증하는 간접비를 합리적 기준으로 직접비로 전환하는 기법이다. 투입된 자원이 제품이나 서비스로 변환되는 과정을 명확히 밝혀 원가를 계산한다. 인위적 기준에 의한 간접비 배분 때문에 원가가 왜곡되었던 과거 방식의 문제점을 해결해주며, 이를 통해 원가절감 효과를 얻을 수 있을 뿐 아니라 전반적인 경영의사결정의 효율성도 극대화된다.

"진작 이렇게 학구열을 불태웠으면 더 열심히 학위공부를 했을 텐데 말이다."

"앗, 아빠. 왜 아픈 데를 찌르고 그러세요. 그러지 마시고 몸도 꽤 따뜻해졌으니 다시 밖으로 나가요. 아마도 반포대교를 돌아가고 있는 것 같아요."

유교수와 기장씨가 실외로 나온 순간 반포대교 달빛무지개 분수에서 물줄기가 뿜어져 나왔다. 하루에 대여섯 번밖에 펼쳐지지 않는 음악분수쇼를 두 사람이 운 좋게도 관람하게 된 것이다.

"아빠, 불꽃놀이에 분수쇼까지. 오늘 대박인데요? 이건 새해에는 저희 스패디션도 대박이 터질 거라는 하늘의 계시인가?"

환하게 미소 짓는 기장씨를 보며 교수 자신도 눈꼬리와 입가에 웃음을 매달고 말했다.

"대박은 하늘이 아니라 기장이 네가 끌어당기는 거란다. 운이 아니라 경영관리능력으로 말이지."

그렇게 말하면서도 음악과 함께 시작된 무지개 빛깔 물줄기의 향연에 교수도 흠뻑 빠진 듯했다. 이윽고 유람선이 분수에서 점점 멀어지자 교수도 실내에서 나눈 대화를 이어갔다.

"활동기준원가계산은 가치창출을 위한 여러 단계를 하나의 기준으로 분석하고 통합해주는 효과가 있어. 이를 통해 부가가치가 존재하는 활동과 존재하지 않는 활동을 구분하고, 부가가치를 만들어내지 못하는 활동은 제거해버릴 수 있지. 원가절감의 방향을 알려주는 역할을 한다고 할까. 이러한 활동기준원가계산을 통해 원가동인을 분석함으로써, 과거 크라이슬러는 자동차에 사용되는 나사를 한 종류로 통일해 원가절감과 불량감소, 품질증진 등의 효과를 거두었지. 또 다른 유명한 예로 사우스웨스트항공의 경우를 들 수 있는데, 보딩패스 발급과정을 없애 시간을 절약한 것은 물론 승무원 수를 줄이고 기타 기내서비스를 최소화해서 항공권 가격을 대폭 낮추기도 했단다."

"하지만 이렇게 장점이 많은데도 기업에서 활동기준원가계산이 활발하게 사용되고 있지 않은 이유는 뭘까요?"

"그건 기업 내부의 저항이 있기 때문이야."

"저항이라고요?"

"그래. 바로 기존 임원들의 변화에 대한 저항이지. 사람들은 익숙한 것을 좋아하고 변화를 두려워하지. 지금까지도 별 탈 없이 잘 해왔다 싶은데 굳이 그 안정감을 무너뜨리고 싶지 않은 거야. 하지만 그런 사고방식은 언젠가 큰 벽에 부딪히게 돼. 익숙함과 결별하지 못하는 기업은 변화의 격랑 속에서 도태되고 말지."

찬바람 속에서 계속 이야기를 하자 목이 칼칼한 느낌이 들었지만 교수는 설명을 계속 이어나갔다.

"경영자 또는 관리자라면 원가의 목적과 그것이 관련된 활동의 가치가 연결되는지 늘 질문해야 하지. 전통적인 원가산출은 급속하게 활동기준원가계산으로 대체되고 있어. 한번 ABC시스템을 제대로 구축하고 나면 제품이나 서비스의 기여도를 꽤 정확히 측정할 수 있단다."

"음, 어떻게 말인가요?"

"다시 불꽃장인의 예를 들어보자꾸나. 폭죽마다 들어가는 재료의 가격도 다르고, 장인이 들이는 시간과 노력도 제각각이란 말이지. 이 장인이 30종류의 폭죽을 제조해서 팔고 있다고 가정할 때, 과거에는 물량 기준으로 원가를 배분해왔는데 어느 날 활동기준원가계산을 도입했다고 치자. 원가계산을 다시 해보니, 그동안 20종은 원가 이상에 팔고 있었지만 10종은 원가 이하로 팔고 있었던 거야. 장인이 생각해보니, 땅 파서 장사하는 것도 아닌데 팔수록 손해 보는 폭죽을 판매할 필요가 없었더란 말이지. 그래서 판매목록에서 10종은 퇴출시켜버리고, 이듬해부터는 20종만 판매했지. 판매에 어떤 변화가 생겼겠니?"

"매출액은 감소했겠지만 이익은 오히려 늘어났겠군요."

"그래. 어느 폭죽이 자신을 먹여 살린 효자상품이었는지, 각각의 판매량만으로는 알 수 없었던 사실을 확실하게 알 수 있게 됐지. 이처럼 ABC는 다품종을 취급하는 사업체라면 꼭 고려해야 할

원가계산기법이란다. 실제 국내 기업 중에도 활동기준원가 도입 전과 후의 변화가 극명했던 사례가 있어. D제과의 경우 과거 물량 기준으로 원가를 배분해오면서 150종의 과자를 팔았는데, ABC를 도입해 원가계산을 다시 해보니 90여 종은 원가 이상에 팔고 있었고 60여 종은 원가 이하로 팔고 있었던 거야. 그래서 60여 종은 퇴출시키고 이듬해부터는 90여 종만 판매했지. 그랬더니 비록 매출액은 전년의 80퍼센트로 감소했지만, 두 배나 증가한 이익을 달성했단다."

"아, 이제 알겠어요. 안 팔리는 상품이 잘 팔리는 상품의 이익을 잡아먹는 거라고만 생각했는데, 아무리 잘나가는 히트상품이라도 간접비 배분을 토대로 원가의 실체를 들여다보면 속 빈 강정일 경우가 있는 거로군요."

"맞아. 그게 바로 앞에서 벌고 뒤에서 밑지는 경우야. 의사결정을 할 때는 언제나 가장 우선적으로 그것이 일반적인 문제인지 예외적인 문제인지, 여러 차례 발생하는 것인지 아니면 개별적으로 대처해야 할 특수한 것인지 따져봐야 한단다. 우리가 제일 흔하게 저지르는 실수는 일반적인 문제를 예외적인 문제의 연속으로 간주하는 일이야. 일반적인 문제에 대한 이해가 부족하고 해결과정에 기본기가 결여되어 있기 때문에 임시방편과 주먹구구식으로 처리하는 거지. 경영자라면 항상 큰 그림을 바라볼 줄 알아야 해."

교수의 설명에 기장씨가 잠시 생각에 잠겼다가 대화를 이었다.

"사업 전체를 시야에 두라는 말씀이시죠? 한 부분의 비용절감에 성공했다고 해도 전체를 인식하지 못하면 비용을 다른 데 떠넘기는 것으로 끝나버리겠죠. 저도 처음에 상품페이지를 만들기 위해 사진촬영을 하면서 장비구입에 들어가는 돈을 아껴보겠다고 몇 번 빌려 쓴 적이 있어요. 하지만 나중에 따져보니 인사치레로 들어간 밥값이며 제 발품이면 DSLR카메라 정도는 사고도 남겠더라고요. 편협한 시각으로 원가문제를 바라보면 시간이 흐른 후에 결국 사업 전체 비용은 별반 변한 게 없다는 사실을 깨닫게 되는 것 같아요."

교수는 핵심을 제대로 이해한 듯한 딸의 얼굴을 바라보며 흡족한 미소를 지었다.

"활동기준원가계산을 둘러싼 문제는 현대의 관리회계를 변혁시키는 중요한 실마리가 될 거야. 그러니 사업을 이끌어가는 입장에서 ABC에 대한 전략, 개념, 절차상의 문제에 대해 달인이 되어야 한단다."

교수가 허공을 바라보며 잠시 뭔가를 생각하더니 이야기를 이어갔다.

"기장이 너도 스위트드림 사장인 내 동창을 본 적 있지?"

"아, 단사장님 말씀이세요? 어릴 적에 몇 번 뵌 적 있지요. 초콜릿도 많이 주시고, 참 좋은 분이었는데."

"그래, 그 친구가 일전에 나한테 상담을 요청한 적이 있단다. 제조간접비 배분에 석연치 않은 점이 있다고 말이야. 그 친구 제과회사의 초콜릿라인에는 '쇼콜라쇼콜라'라고, 연간 생산량의 1퍼센트를 차지하는 명품 초콜릿이 있지. 그런데 이 초콜릿과 다른 대량생산 초콜릿의 간접비 배분에서 문제가 생긴 거야. 가령 쇼콜라쇼콜라의 연간 생산량이 10개, 기타 초콜릿이 990개라고 하면, 1년간 총제조간접비로 500만 원이 발생하는데, 그동안 스위트드림은 간접비를 물량기준으로 배분한 거지."

"쇼콜라쇼콜라 저도 먹어봤어요! 중독될 만한 맛이죠! 그 혀 위에서 부드럽게 녹는 느낌은. 그런데 생산량이 적은 제품과 많은 제품의 간접비가 동일하다는 건 좀 문제가 있어 보이는데요?"

▼ **스위트드림의 기존 간접비 배분**

	명품 초콜릿	기타 대량생산 초콜릿	합계
생산량	10개	990개	1,000개
제조간접비 배부액	50,000원 [5,000,000원× (10개/10개+990개)]	4,950,000원 [5,000,000원× (990개/10개+990개)]	5,000,000원
단위당 제조간접비	5,000원 (50,000원÷10개)	5,000원 (4,950,000원÷990개)	

"그래, 단사장도 같은 의문을 가졌단다. 기타 초콜릿은 명품 초콜릿에 비해 큰 물량을 생산하는데 단위당 제조간접비는 차이가 나지 않는다니 대량생산의 이점도 없다는 말인가, 소위 규모의 경제가 나타날 만도 한데 전혀 차이가 나지 않는 것은 좀 이상하지 않은가, 하는 의문이었지. 나는 그 이야기를 듣고 단사장에게 회계팀으로 하여금 간접비에 대한 분석을 해보도록 지시하라고 조언해줬단다. 그리고 회계팀이 간접비를 찬찬히 훑어본 결과 중요한 사실을 알게 됐지. 총제조간접비 500만 원 중 400만 원은 생산에 사용된 기계들의 조작 때문에 발생했고, 나머지 100만 원은 팔려나간 제품의 사후서비스 때문에 발생했다는 사실 말이야. 이 중 기계조작비용은 명품 초콜릿을 만들다가 기타 초콜릿을 만들기 위해 기계장치를 조정해야 하는 비용인데, 스위트드림이 가지고 있는 기계는 어느 제품을 만들든 한 번 조작에 300개까지 만들 수 있었지. 이 비용의 증가원인이 되는 원가동인은 기계조작횟수였어. 반면 사후서비스비용은 도소매업체에 제품이 팔려나간 후 어떤 문제가 발생했을 때 이를 해결해주는 데 드는 비용인데, 원가동인은 사후서비스 요청건수였지."

"원가동인이 다른 만큼 간접비 배분도 달라져야 했겠네요."

"응, 그래서 활동기준원가계산을 이용해 제조간접비를 다시 배분하자, 쇼콜라쇼콜라의 간접비는 105만 원(80만 원+25만 원), 기

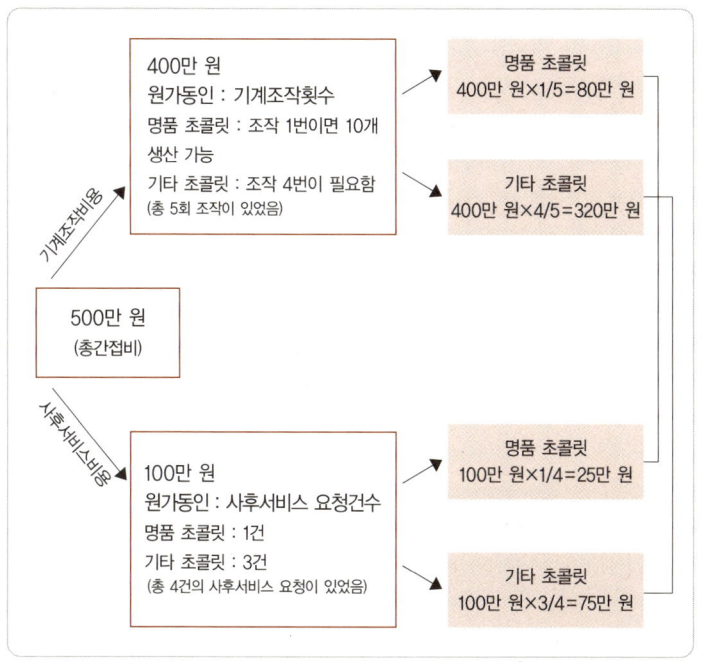

타 대량생산 초콜릿의 간접비는 395만 원(320만 원+75만 원)이 나왔단다. 과거 명품 초콜릿과 기타 초콜릿의 단위당 제조간접비를 공히 5천 원으로 배부했던 것과는 크게 다른 결과였지. 즉 쇼콜라쇼콜라의 원가는 크게 왜곡되어 있었던 거야."

"아…, 이제 원가계산에서 간접비 배분이 얼마나 중요한 문제인지 확실히 와 닿네요. 그래서 요즘 시중에서 쇼콜라쇼콜라를 찾아보기 힘들었던 거로군요."

"응, 원가계산 방법을 바꾼 이후 단사장이 특별한 시즌에만 쇼

▼ **스위트드림의 개선된 간접비 배분**

	명품 초콜릿	기타 대량생산 초콜릿	합계
생산량	10개	990개	1,000개
제조간접비 배부액	1,050,000원 (80만 원+25만 원)	3,950,000원 (320만 원+75만 원)	5,000,000원
단위당 제조간접비	105,000원 (1,050,000원÷10개)	3,990원 (3,950,000원÷990개)	

콜라쇼콜라를 생산하라고 지시했다더구나. 앞으로는 겨울시즌, 그리고 발렌타인데이와 화이트데이가 있는 2월, 3월에만 생산·판매한다고 하더라고. 하하, 스위트드림 입장에서는 최선의 선택이지만 내 입장에서는 꽤 아쉬운 일이지."

어느덧 유람선이 출발했던 잠실선착장이 두 사람의 눈에 들어왔다. 유교수는 하선을 준비하며 기장씨에게 이날 데이트의 마지막 당부를 했다.

"중요한 의사결정을 내려야 할 때는 언제, 무엇이 예상되는지 꼭 메모해두려무나. 그리고 나중에 예측했던 상황과 현재의 상황을 비교해봐. 그것이 서로 일치하면 옳은 의사결정을 한 것이니 지속적으로 유지해도 좋겠지. 이런 과정을 반복하면서 경영자는 수년간의 예상치와 실제의 결과를 습득하고 통합할 수 있게 된단다."

"명심할게요, 아빠. 오늘 아빠한테 배우면서 새삼 깨달았어요.

관리회계와 경영은 떼려야 뗄 수 없는 관계라는 걸요. 집에 들어가면 먼지 쌓인 전공책들도 다시 한 번 들여다봐야겠는걸요."

"이거 왠지 〈돌아온 탕아˙〉가 생각나는 감개무량한 말이로구나."

"아빠! 제가 가출청소년이라도 된단 말씀이세요?"

"하하, 농담이야, 농담. 어서 집에 가자. 네 엄마가 목이 빠지게 기다리고 있겠구나."

별은 총총하고 나란히 걷는 두 부녀의 뒷모습은 다감하다.

˙ 바로크시대의 거장 램브란트가 성서의 일화를 바탕으로 그린 작품. 아버지의 규율을 따르지 않고 집을 나가 방탕하게 살다가 돌아온 아들을, 아버지는 꾸짖고 내쫓는 대신 용서한다.

4

유교수,
향긋한 회계서비스를
시작하다

유교수의 단골 커피전문 프랜차이즈 〈커피앤프레즐〉의 차향미 점장은 승진한 지 얼마 되지 않아 매장관리에 난항을 겪는다. 유교수는 본사 및 타 지점과의 관계에서 갈등하는 차점장에게 제품믹스의 최적화 및 수익성분석 방안을 전수한다.

이 장에서 주목할 키워드

- 고객분석
- 판매분석
- 자가제조 vs 외부구입
- ABC관리
- 제품믹스
- 제품 폐지 vs 제품 유지
- 수익성분석
- 고래곡선

교수,
갓 볶은 커피향에 심취하다!

유교수의 집에서 멀지 않은 삼청동 언덕길의 프랜차이즈 커피전문점 〈커피앤프레즐(coffee&pretzel)〉. 교수는 이곳 단골이다. 아내인 금여사와 함께 인근 공원까지 산책을 나왔다가 들르기도 하고, 원고를 써야 할 때면 노트북을 들고 나와 조용한 구석에 자리 잡기도 한다. 오늘은 공공도서관에 잠시 들렀다가 집으로 가기 전에 간식 생각이 나서 들어온 참이었다.

"유교수님 오셨어요? 아직 11월인데도 완전히 겨울 날씨지요?"

싹싹하게 인사를 건네는 사람은 커피앤프레즐의 삼청동점을 운영하고 있는 차향미 점장이다. 단골손님인 유교수가 들어오는 것을 보고 자신이 직접 주문대 앞에 섰다. 차점장은 3년 전 삼청동에 본사 직영점이 처음 열었을 무렵 막내직원으로 들어와서는, 매니저와 부점장을 거쳐 얼마 전에 점장으로 승진했다. 교수는 차점장이 요즘 아가씨들답지 않게 참 예의 바르고 일처리도 확실한 것 같다고 늘 생각해왔다.

"음, 그래요. 바람이 아주 차가운걸. 난 카페모카 한 잔이랑 고구마프레즐, 허니버터브레드 하나씩 줘요."

"네, 감사합니다. 전부 해서 9천500원입니다. 메뉴가 나오면 제가 테이블로 가져다 드리겠습니다."

"고마워요, 차점장."

커피앤프레즐에서는 제과류를 매일 직접 만들어서 낸다. 특히 다양한 프레즐 종류는 고소하고 쫄깃하기 그지없다. 교수는 갓 나온 프레즐을 따끈할 때 맛보고 싶은 마음에, 포장해 가서 아내와 함께 나눠 먹는 기쁨도 보류한 채 매장에서 먹고 가곤 했다.

점심때도 저녁때도 아닌 오후 3시경, 매장 내에는 손님이 많지 않았다. 주문한 지 약 10분 후, 차점장이 빵과 음료가 놓인 쟁반을 들고 교수가 앉아 있는 테이블로 왔다.

"고마워요, 잘 먹을게요. 여기 프레즐이 얼마나 맛있는지, 자다가도 생각 날 때가 있다니까, 하하."

"이렇게 즐겨 찾아주시니 저희야말로 기쁘지요. 교수님께서 맛있게 드셔주시고 입소문을 내주신 덕분인지 몰라도, 다른 지점에서는 하루에 30~40개 판매되는 프레즐이 저희 지점에서는 100개 가까이 나간다니까요. 다른 커피전문점에서는 음료 외에 사이드

메뉴의 매출이 크지 않은데, 참 특이한 경우지요."

"그건 아마 이 동네에 노인인구가 많아서 그럴 거야. 우리는 쓰디쓴 원두커피 한잔 달랑 마시는 것보다 아무래도 군것질거리가 있어야 좋거든. 커피도 아메리카노보다 달달한 커피가 더 많이 나가지 않나?"

"아, 맞아요. 어떻게 그렇게 잘 아시지요? 다른 지점에서는 아무것도 첨가하지 않은 아메리카노가 전체 커피 매출의 70퍼센트 가까이 차지하는 반면 저희는 30퍼센트에서 40퍼센트밖에 되지 않아요. 크림과 시럽을 듬뿍 얹은 카페모카나 캐러멜마끼아또가 많이 나가지요."

"참, 내가 여기서 그때그때 지켜본 것만으로도 쿠폰 회수율이 높은 것 같던데 어떤가. 연령대가 높은 고객일수록 받은 건 그게 뭐든 알뜰하게 쓰지 않던가?"

"네, 정말 그래요! 제가 점장이 된 이후로도 인근에 할인쿠폰을 1천 장 정도 뿌렸는데, 90퍼센트 가까이나 회수됐어요. 보통 번화가에서는 20퍼센트 회수될까 말까 하거든요. 구매할 때마다 도장을 찍어주는 적립쿠폰의 경우에도 대부분의 고객이 들고 다니면서 꼭 사용하세요. …사실 난감한 문제도 있는데요, 할머니 할아버지 손님들이 집에 쿠폰을 놓고 왔다고 그냥 할인해달라 하시는 일도 있고, 사용기간인 '발행일로부터 1년'이 지난 쿠폰을 들고 오서서 음료를 달라시는 일도 있어요."

"그래. 지역에 따라, 주고객에 따라 많은 차이들이 있지. 그런 차이를 확인하는 데서부터 고객분석이 시작되는 거예요."

"고객분석이요?"

"주고객층에 따라서 점포의 많은 전략이 달라지기 때문에 고객의 연령, 성별, 니즈(needs), 취향, 관심사, 충성도 등을 세세하게 관찰하고 따져보는 거지. 음…, 매장이 좀 한산한 시간대인 것 같은데 차점장도 음료 한잔 가지고 와서 잠시 얘기 나누면 어떻겠나? 이제 막 점장으로 승진해서 여러모로 고민도 많을 텐데, 혹시 내가 도움이 좀 될지 누가 알겠어요, 하하."

"교수님께서 가르침을 주신다면 정말 영광이지요! 잠시만 기다려주세요."

초짜 관리자를 마주하자 유교수의 회계본능이 다시 눈을 떴다. 서둘러 조리대 뒤로 걸어간 차점장은 아이스아메리카노 한 잔을 만들어 교수의 자리로 돌아왔다.

"아무래도 점장이 되더니 많이 바쁜 모양이네. 얼굴에 '피곤' 이라고 써 있어, 자네."

"승진하고 처음 한 달 동안은 집에 못 들어간 적도 몇 번 있어요. 늘 해오던 일의 연장선일 줄 알았는데, 관리자로서의 업무는 전혀 다른 차원이지 뭐예요. 거기다 케이비씨(KBC)라고, 코리아바리스타챔피언십 준비를 하고 있거든요."

"오호, 바리스타 대회에 나가는군. 그래, 연습한 보람이 좀 있을 것 같나?"

차점장은 유교수에게 종종 자신이 연습하면서 내린 커피를 시음해주길 청하곤 했다.

"글쎄요…. 지난번에도 예선은 통과했지만 본선에서는 탈락했는데, 이번엔 어떨지 모르겠네요. 아무래도 바리스타 대회에서는 프랜차이즈 출신보다 유학파나 개인이 운영하는 유명 커피전문점 출신을 주목하지요. 독학이나 다름없는 제가 어느 수준인지, 경쟁이 가당키나 한 건지 잘 모르겠어요…."

평소 자신감 넘치던 차점장의 풀죽은 모습에 유교수는 마음이 짠해지는 걸 느꼈다. 어딜 가나 실력은 둘째치고 학벌이나 출신부터 따지는 관행에 대한 분노도 잔잔히 일었다.

"전문가는 아니지만, 나는 자네 커피의 팬일세. 내가 마셔본 커피 중에서 자네가 만든 커피가 최고야. 그러니까 기죽지 말라고!"

"흐흣. 감사합니다, 교수님. 사실 저희 같은 경우 손님들께 내가는 커피는 다 본사의 레시피대로만 만들어지는 거라, 새로운 로스팅(roasting)·블랜딩(blending) 기법을 얼마든지 실험해볼 수 있는 프로 바리스타들과 비교돼서 자신감이 많이 떨어졌었거든요. 하지만 저도 짬나는 대로 연습을 게을리 하지 않고 있으니, 분명 더 좋은 커피를 만들어낼 수 있겠죠? 제가 개발한 레시피가 되도록 많이 정식 메뉴로 결정되었으면 좋겠어요."

유교수의 진심어린 격려에 차점장은 금세 평소의 밝은 표정으로 돌아왔다.

교수, 치고 빠지는 법을 이야기하다!

투명창 너머에는 강풍에 대부분의 잎을 떨군 은행나무들이 헐벗은 채 떨고 있다. 요즘 들어 거리에 고약한 냄새를 풍기는 은행 열매 때문에 더욱 향긋하게 느껴지는 카페모카를 한 모금 삼킨 유교수에게 차점장이 질문을 던졌다.

"그런데 교수님, 저한테도 회계공부가 필요할까요?"

"물론이지. 차점장 같은 이들을 위해 관리회계가 탄생한 거야. 사실 '회계' 하면 다들 어려운 이론으로만 생각하지만, 실전에 써먹기 위해 만들어낸 가장 실용적인 학문이거든. 다만 회계지식을 현장에서 응용하는 방법을 몰라 멀게만 느끼는 거라고."

"뭔가 배운다는 게 오랜만이라, 조금 떨리네요."

"어렵게 생각할 거 전혀 없어. 그저 차점장이 지금까지 해온 일들을 조금 더 요령 있게 해나가는 방법을 고민해보는 거니까. 회계를 머리로만 배워서는 안 돼. 자네, 커피 만드는 방법을 책으로 먼

저 배웠나? 아니면 연애를 글로 배웠나? 커피도 연애도 회계도 다 실전으로 부딪쳐봐야 제대로 배울 수 있지."

고구마프레즐 한 조각을 포크로 찍으며 유교수가 차점장에게 질문했다.

"그래, 요즘 매장관리 하는 데 가장 힘든 점이 뭔가?"

"음…, 뭣부터 말씀드려야 할지…. 아! 저도 직원들도 제일 힘들어하고 도무지 적응이 안 되는 게 있어요. 메뉴가 너무 다양하다는 거죠."

"흠…, 메뉴가 너무 많다…. 하긴 다른 커피전문점 체인에 비해 커피앤프레즐이 훨씬 다양한 메뉴를 보유하고 있는 것 같군. 나 같은 군음식 마니아에게야 보물창고나 다름없지만, 어떤 사람들은 저 많은 메뉴들 가운데 하나를 선택해야 한다는 것만도 꽤 스트레스라고 하더군. 아예 하나를 정해 주구장창 그것만 주문하는 사람도 많더라니까."

"네, 맞아요. 주문대 앞에 있다 보면 '뭐가 이렇게 많아' 하고 짜증내시는 손님들도 자주 보곤 하지요. 저희 커피앤프레즐 본사에서는 연구개발에 투자를 많이 해요. 그래서 좋은 아이디어도 많이 나오고, 다양한 신메뉴 출시되죠. 하지만 당최 사라지는 메뉴가 없어요. 고객들로부터 반응이 신통치 않은 메뉴는 도태되어야 하는데, 여전히 메뉴판에 올라가 있어서 전 직원이 그 레시피를 숙지하고 각종 재료도 항상 준비해두어야 하죠. 잘나가는 히트상품에 주력하고 메뉴의 순환이 빠르게 이뤄지는 것이 더 나을 것 같은데, 현장에 있지 않은 의사결정권자들이 그 점은 생각지도 않고 다양성만 추구하는 것 같아요. 이러다 주문대 뒤의 메뉴판을 측면 벽까지 늘려야 할지도 몰라요."

프레즐을 우물거리며 교수가 재미있다는 듯 웃었다.

"하하, 그러다 보면 언젠가는 천장이나 바닥까지 확장되어서 메뉴판 자체가 인테리어가 될지도 모르겠군."

"교수님도 참~, 웃으실 일이 아니라니까요~. 직접 주문받고 만드는 저희로서는 매 순간 순간이 시험이나 다름없이 느껴질 때가 많아요, 아휴…."

"잘 알겠네, 차점장. 여기서 활용할 수 있는 관리회계의 개념이 바로 제품믹스*야."

"제품믹스요? 처음 듣는 말이에요."

"응, 경영학 용어라 생소하겠지만, 알고 보면 바로 자네가 지금 고민하고 있는 문제지. 제품구색이라고도 해. 그러니까 커피앤프레즐의 경우를 대입해보면, 제품믹스란 저 메뉴판에 있는 모든 항

● 제품믹스(product mix)는 한 기업이 생산·공급하는 모든 제품의 배합을 말하며, 제품계열(product line)과 제품품목(product item)의 집합이다.

목이라네. 어디 보자. 커피류가 무려… 24종, 기타음료류가… 16종, 제과류가… 14종이니까 총 54종류로군. 이 중 커피류는 레귤러와 라지, 두 가지 사이즈에 서로 가격도 다르니까 실제로 커피류는 48종이네. 이야~ 그렇게 치면 메뉴가 무려 78가지나 되는 걸. 괜한 엄살이 아니었어. 자네가 골치 아플 만도 하겠군."

"그렇다니까요, 교수님. 시험 보기 전에 벼락치기로 암기하듯이, 저희 직원들 모두 영업 시작 전에 메뉴 이름부터 다시 외우고 들어가지요."

"그래, 그것도 문제지만 품목이 계속 이렇게 늘어나다 보면 판매분석 등의 문제도 골치 아프겠어."

교수는 목을 축인 후 이야기를 이어갔다.

"제품믹스는 일반적으로 3가지 차원에서 평가할 수 있다네. 폭(width), 깊이(depth), 길이(length)가 그것일세. 제품믹스의 폭은 계열수를 말하지. 저 메뉴판에서 보면 커피류, 기타음료류, 제과류니까 폭은 3이야."

"잠시만요, 교수님. 커피류와 기타음료류는 뜨거운(hot) 것과 차가운(ice) 것으로 나뉘니까 사실상 폭이 5인 것 같아요.●"

● 본래 규격, 가격, 스타일 등의 속성이 다른 품목은 한 계열로 취급하나, 이 사례에서는 재료나 제조방법 등이 다르기 때문에 구분하기로 한다. 일반적으로 면도기와 면도날은 같은 제품계열 내의 다른 품목이다.

"오, 그렇군! 자넨 참 영특한 학생이야."

차점장을 흐뭇한 눈길로 바라본 교수는 설명을 계속했다.

"자, 다음으로 깊이는 특정 계열 내 품목수를 말한다네. 좀전에 메뉴의 종류를 세어봤었지. 우선 커피만 볼까? 두 가지 사이즈를 감안해 핫커피 계열의 깊이는 30, 아이스커피 계열의 깊이는 18이로군. 즉 핫커피의 깊이가 아이스커피의 깊이보다 깊은 거지."

"아까 커피류를 통틀어 계산한 숫자는 조금 달라지겠네요. 핫커피는 작은 사이즈와 큰 사이즈가 있지만, 아이스커피는 한 가지 사이즈거든요. 그러니까 핫커피 30, 아이스커피 9를 더해 커피류는 전부 39종이에요."

"기타음료류의 사이즈는 전부 통일되어 있나?"

"네, 뜨거운 것은 6종, 차가운 것은 10종이고요."

"좋아, 그럼 이제 길이를 보자고. 길이는 각 계열의 총 품목수를 말해. 그러니까 뜨거운 커피 30, 차가운 커피 9, 뜨거운 기타음료 6, 차가운 기타음료 10, 제과 14를 더하면 69. 즉 제품믹스의 길이는 69로군. 아까 78가지로 계산했던 커피앤프레즐의 전체 메뉴는 다시 계산하면 모두 69가지야. 그래도 많은 건 여전하구만."

"그런데 교수님, 제품믹스로 뭘 알 수 있지요?"

"무엇을 팔면 이익이 남고 무엇을 팔면 팔아도 손해인지 구분해

♣ 커피앤프레즐의 제품믹스

계열(폭)	뜨거운 커피		차가운 커피	뜨거운 기타음료	차가운 기타음료	제과
품목(깊이)	라지	레귤러	9	6	10	14
	15	15				
	합계 30					
총합(길이)	69					

서, 이익을 극대화하려면 어떤 제품구색을 갖춰야 할지 알 수 있지. 예를 들어 제품믹스를 확대하는 것은 폭이나 깊이, 또는 둘 다 늘리는 것으로 제품을 다양화하는 방법인데, 이는 성장과 수익을 지속적으로 유지하는 데 필요한 기업의 중요정책이야. 반대로 제품을 단순화해 제품믹스를 축소하는 방법도 있지."

"저희 커피앤프레즐에 필요한 건 제품믹스의 축소겠군요."

"그건 차근차근 따져봐야지. 최적의 제품믹스는 계열이나 품목의 추가, 폐기, 또는 수정을 통해 판매목표를 가장 효율적으로 달성하는 상태를 말한다네. 정적 최적화와 동적 최적화로 구분할 수 있지. 정적 최적화는 품목들 가운데 일정한 위험수준과 제약조건 하에서 매출액의 성장성과 안정성, 그리고 수익성을 최선으로 하는 품목을 선정하는 거야. 그리고 후자는 현재의 제품믹스에 새로운 품목을 추가하거나, 기존 품목을 폐기 또는 수정해 시간이 지나도 최적의 제품믹스 상태를 유지할 수 있도록 하는 거라네."

"그럼 최적의 제품믹스를 구현하는 방법을 알려주세요, 교수님!"

차점장의 눈동자에 간절한 조급함이 어렸다. 하지만 교수는 허니버터브레드를 포크로 뒤섞으며 천천히 설명을 이어나갔다.

"제품믹스의 폭과 깊이를 살펴보고 길이를 확인했다면, 그 일관성(consistency)도 살펴봐야 해. 이건 다양한 제품계열들이 원료, 생산과정, 유통경로 면에서 얼마나 밀접하게 결합돼 있는지를 살펴보는 걸세. 지금처럼 커피앤프레즐이 제품믹스의 확대정책을 견지하려면 일관성이 강해야 해."

"전 바로 그 일관성이 약하기 때문에 제품믹스를 축소해야 한다고 생각하고 있어요."

"어떤 부분에서 그렇게 느꼈나?"

"원료와 생산과정을 따져보면 차가운 기타음료류가 제일 문제예요. 키위, 망고, 딸기의 농축액을 얼음과 함께 갈아서 내는 스무디나 농축액을 희석시킨 후 조각얼음을 넣어서 내는 에이드까지는 괜찮아요. 시판되고 있는 농축액과 얼음을 조달하는 문제는 어렵지 않으니까요. 그런데 생과일주스까지 만들려면, 싱싱한 과일까지는 본사에서 공급해줄 수 있어도 씻고, 껍질을 제거하고, 알맞은 크기로 자르고, 남은 과일을 보관하거나 상한 과일을 처분하는 등 골치 아픈 일이 많이 생겨요. 커피에 비하면 그다지 많이 팔리는 음료도 아닌데 말이죠."

"그렇군. 커피전문점에서 생과일주스를 팔다 보니 생길 수 있는 문제겠네. 여러 부가적인 비용이 많이 들다 보니 생과일주스 전문점에 비해 가격도 훨씬 높고."

"네, 제가 손님이라도 저희 가게에서 굳이 생과일주스를 시켜 먹진 않을 것 같아요. 그렇다면 생과일주스를 메뉴에서 빼버리는 게 옳은 선택 아닐까요?"

"현장을 책임지고 있는 사람이 그렇게 느끼고 있다면 그게 맞는 거겠지. 관리회계는 숫자를 나열하는 재무회계와 달리 어디다 따로 보고할 필요가 없어. 경영자나 관리자가 활용하기에 유익하고 편하기만 하면 돼. 재무회계가 코트라면 관리회계는 내복이야. 겉옷은 다른 사람들에게 보이는 것이기 때문에 너무 추레하면 안 되겠지만 속옷은 나만 따뜻하고 편안하면 그만이지 않나."

교수의 말에 차점장의 낯빛이 다소 어두워졌다.

"하지만 교수님, 저희는 프랜차이즈 직영점이에요. 본사의 방침에서 벗어나 할 수 있는 일들에 한계가 있어요. 시스템을 존중해야 하니까요."

"어떤 시스템이 영원히 유지될 수 있다면, 왜 수정이나 재설계 과정이 필요하겠나? 불필요하거나 불합리하거나 부당하다고 생각되는 측면이 있으면 본사에 건의를 해서 최대한 빨리 최선의 방법으로 뜯어고쳐야지. …그나저나 나만 먹고 있으려니 미안한걸. 차점장도 함께 들어요."

교수, 젊은 점장의 '빽'을 자처하다!

허니버터브레드를 한 입 먹고 목을 축이려던 유교수의 잔이 비어 있다. 차점장은 얼른 주문대로 가서 카푸치노와 따뜻한 물한 잔을 직원에게 부탁해 가져온다.

"하하, 뭘 또 주고 그러나. 단골이라고 이렇게 얻어먹어 버릇하면 안 되는데 말이야."

"별 말씀을 다하세요, 교수님. 이렇게 귀한 강의료로는 너무 약소합니다. 드시고 싶으신 것 언제든 말씀해주세요."

"충분해요, 차점장. 그나저나 생과일주스 건 같은 애로사항들을 본사에서는 바로바로 해결해주지 않는 건가?"

"그게 저도 정말 안타까운 점이에요. 저희 커피앤프레즐이 토종 브랜드로서 대단한 성과를 거두고 있긴 하지만, 시스템 면에서는 외국 브랜드들에 비해 미비한 점이 많은 것 같아요. 직영점이 50개 가까이 되고 가맹점까지 합치면 전국에 200여 개의 매장이 있는

데, 슈퍼바이저가 겨우 한 명이라니까요. 이 한 사람이 전국을 돌아다니는 거죠. 당연히 세부적인 문제점들을 파악하기 어려울 테고, 본사 경영진에게 전달되어 해결책이 나오기까지도 피드백이 원활하지 않죠."

전국 프랜차이즈의 관리감독관이 한 명이라는 말에 교수의 표정에 놀란 기색이 역력하다.

"그럼 슈퍼바이저를 통하지 않고서는 지점의 의지로 아무것도 바꿀 수 없는 건가?"

"물론 한 달에 한 번 직영점 점장회의가 있기는 해요. 매출보고를 겸해서요. 하지만 그런 문제가 본격적으로 논의된 적이 없어요."

"왜 문제점이나 개선방안을 본사와 상의하지 않는 건가?"

차점장이 작게 한숨을 쉬며 대화를 이었다.

"본사에 보고할 경우 각 지점의 문제가 해결될 수도 있겠죠. 영업이 더욱 활성화되면, 결과적으로 본사의 이익 또한 올라가게 될 거예요. 하지만 반드시 성공한다는 보장이 있는 것도 아니고, 더군다나 점장회의에 참석하는 사람들 중에는 저에 대해 적대감을 가진 점장들이 몇 명 있어요. 제가 바리스타 대회에 출전해서 주목받고, 또 일전에 전 직원이 바리스타 자격증을 갖춰야 한다고 주장했기 때문이에요. 자격증을 따는 것은 전혀 어렵지 않은데, 일단 실행하면 브랜드 전체의 홍보효과가 높을 거라고 생각했거든요."

"훌륭한 생각이야! 나라도 바리스타 자격증을 가진 사람이 만들어주는 커피라면 더 깊이 음미하며 마실 수 있을 것 같군."

"하지만 그 일 때문에 저를 고깝게 여기는 점장들이 많아졌어요. 제가 불필요한 일을 크게 벌여서 여러 사람 귀찮게 만들고 혼자 주목받고 싶어 한다고 생각해요. 그래서인지 어느 순간부터 제가 아이디어를 낼 때마다 사사건건 토를 달기 시작했죠. 저는 그점에 있어서도 많은 스트레스를 받았고, 제가 무슨 영화를 누리겠다고 그렇게까지 총대를 메야 하나 하는 생각까지 하게 됐어요."

"물론 관리자의 역할을 수행하다 보면 절차적인 문제들이 실질적인 문제를 밀어내는 현상을 발견하게 되는 일이 흔하지. '악화(惡貨)가 양화(良貨)를 구축한다'는 그레셤의 법칙을 자연스럽게 깨닫게 되기도 하고 말이야. 차점장 자네가 겪은 것처럼 우리 사회에서는 아무렇지도 않게 '튀지 마라', '나서지 마라'고 복지부동을 강요하는 경우가 많아. 하지만 아무것도 하지 않는 것이야말로 자칫 최악의 사태로 몰아가는 원인이 되기도 한다네. 위험상황에 있어서든 기회상황에 있어서든 이는 마찬가지야. 과감한 행동 없이는 중요한 기회가 아예 사라져버린다면, 그때도 미적거리기만 할 텐가?"

"그럼 제가 어떻게 해야 할까요? 아무도 제 말에 귀 기울여주지 않는다면, 그저 공허한 메아리로 끝날 텐데요."

"일단 차점장 자네가 개선하고 싶은 부분들을 다 얘기해보게. 그래서 여러 대안들이 나오면, 점장회의든 최고경영자와의 독대든 내가 함께해줌세. 회계학 교수가 관리회계를 얘기하겠다는데, 어느 누가 반대를 위한 반대를 하겠어? 날 '빽' 이라고 생각하라고."

"교수님, 말씀만으로도 너무 든든합니다."

감동에 젖은 차점장을 앞에 두고 교수는 분위기를 환기시켰다.

"자, 아까 제품믹스를 축소하는 문제로 다시 가볼까? 품목의 폐지 결정은 무엇을 근거로 이뤄져야 할까?"

"음…, 글쎄요. 돈과 노동력이 들어간 만큼 이문이 남느냐, 남지 않느냐를 기준으로 해야 하지 않을까요?"

"그래, 회계용어로 하면 비용이 투하된 것보다 수익이 더 큰가 하는 문제야. 여기서 좀더 파고 들어가면 공헌이익과 회피가능원가*라는 개념을 활용할 수 있지."

---

* 회피가능원가(avoidable cost)는 현재 운영 중인 사업부서를 더 이상 유지하지 않고 중단시키려 할 때 그 발생이 중단되는 원가를 말한다. 즉 어떤 제품을 더 이상 생산하지 않기로 했다든가, 어떤 부서를 구조조정의 일환으로 없앤다고 했을 때, 이런 결정의 결과로 더 이상 발생하지 않고 기업의 입장에서 회피할 수 있는 원가다. 반면 이런 결정을 내렸음에도 불구하고 사라지지 않고 계속 발생하는 원가를 회피불능원가(unavoidable cost)라고 한다.

```
                    제품의 폐지 결정
                          ↓
        폐지로 인해 잃게 될 공헌이익과 회피가능원가의 비교
                          ↓
            공헌이익 > 회피가능원가 ……… 유지
            공헌이익 < 회피가능원가 ……… 폐지
```

"앗, 갑자기 어려워지는데요."

"핵심만 이해하면 아주 간단해. 공헌이익이라는 건 판매가 실제로 이익에 얼마만큼 기여했는가를 나타내는 거라네. 매출액에서 재료비와 관리비 등의 변동비를 제하고도 남는 진짜 이익이라고 할 수 있어. 그리고 회피가능원가는 제품의 판매를 철회하기로 했을 때 없어지는 비용이지. 생과일주스의 판매를 중단하려면 공헌이익이 회피가능원가보다 작은지 살펴보면 되네. 만약 생과일주스의 공헌이익이 크면 판매를 유지해야 하지."

"그렇군요. 모든 메뉴에 대해 마찬가지로 적용할 수 있겠네요. 메뉴 각각의 공헌이익만 제대로 계산할 줄 안다면 말이에요."

"그래. 제품믹스를 확대하고 싶을 때도 같은 기준으로 하면 돼. 공헌이익이 회피가능원가보다 크면 새로운 메뉴를 추가하는 거지."

교수는 고구마프레즐과 허니버터브레드가 담긴 접시를 가리키며 설명을 이어나갔다.

"회피가능원가를 활용해 또 다른 의사결정을 할 수도 있어. 직접 만드는 게 유리한지, 아니면 외부에서 구입하는 게 유리한지 비교해서 선택하는 거지. 달리 말하면 아웃소싱*을 결정하는 문제야. 자, 프레즐이나 허니버터브레드는 주문 받은 즉시 매장에서 직접 만들어 따뜻한 상태로 손님에게 제공되어야 하지만, 그럴 필요 없고 유통기한도 좀더 긴 쿠키는 다른 업체에서 만든 것을 사와도 되지 않을까?"

"아, 저도 쿠키까지 매장에서 굽는 것은 너무 번거롭다는 생각이 들었어요."

"이 경우 자가제조를 하고 있기 때문에 지고 있는 기회원가와 회피가능원가의 합을 외부구입비용과 비교해서 결정하면 돼. 사오는 비용이 더 크면 만들면 되는 거지."

교수는 잠시 호흡을 고른 다음 설명을 이어나갔다.

"기회원가는 현재 취한 행위 때문에 희생된 대안 중 최선의 행위를 취했더라면 얻을 수 있었던 효익을 의미한다네. 예를 들어 고

---

* 아웃소싱(outsourcing)은 원가절감과 생산성 향상을 위해 자신의 본래 작업을 남에게 맡겨 해결하는 것이다.

```
          자가제조 및 외부구입 결정
                    ↓
       자가제조로 인한 부담과 외부구입비용의 비교
                    ↓
   기회원가+회피가능원가>외부구입비용 …… 외부구입 유리
   기회원가+회피가능원가<외부구입비용 …… 자가제조 유리
```

등학교를 졸업하고 나서 대학에 진학하려면 취업의 기회는 포기해야 하겠지. 이때 진학의 기회원가가 바로 취업이야. 반대로 취업을 선택함으로써 포기해야 할 기회원가는 대학생활이지. 모든 대안은 그와 관련된 기회원가를 가지고 있어."

차점장이 교수의 설명에 연신 고개를 끄덕이며 말했다.

"이렇게 간단하게 설명해주시니 메뉴에 대한 고민이 한결 가벼워지는 느낌이에요. 본사에 제안할 때도 훨씬 명쾌한 설명이 가능하겠어요."

"차점장이 그렇게 생각해준다면 나로서도 아주 보람 있는 일이지."

교수는 눈동자를 반짝이는 차점장을 바라보며 흐뭇한 미소를 짓고는 푹신한 소파 등받이에 몸을 기댔다.

교수,
낭비를 날리고 성과를 낚아채다!

유교수는 잠시 생각에 잠겼다. 그리고 차점장에게 다소 엉뚱한 질문 하나를 던졌다.

"차점장, 세상에서 제일 비싼 게 뭐지?"

"음…, 갑자기 물으시니, …하하, 글쎄요. 혹시 청춘?"

차점장은 머쓱하게 웃으며 교수의 당혹스러운 질문에 대답했다.

"이 무슨 뜬금없는 소린가 싶지요? 그런데 청춘도 충분히 값지지만 좀더 포괄적인 의미로 시간이라고 하자고."

"아, 네. 시간. 억만금을 줘도 살 수 없는 게 지나가버린 시간이죠."

"음, 차점장이 이익에 비해 손이 많이 가는 생과일주스의 판매를 중단하고 싶었던 것도, 쿠키를 직접 굽지 않고 외부에서 사오고 싶었던 것도, 모두 시간이라는 비용의 낭비를 없애기 위해 나온 발상들이야. 수익에 별반 기여하지 않지만 그렇다고 아주 무시할 수도 없는 일에 시간을 빼앗기는 일이 우리 주변엔 허다하지. 사실상 거의 혹은 전혀 쓸모없는 일들에 금쪽같은 시간이 낭비되고 있어."

"맞아요, 교수님. 그렇게 새고 있는 시간이 너무 많아요."

"음, 그래. 관리자라면 비즈니스를 어떤 식으로 하겠다는 '계획'에서 시작하기보다는 '시간'에서 시작하는 습관을 들여야 하네. 시간의 효율성을 갖기 위해 최우선으로 해야 할 일은 실제로 시간이 어떻게 활용되고 있는지, 어떤 비생산적인 일에 시간을 빼앗기고 있는지 기록하는 것이지. 이렇게 시간의 사용패턴을 분석해보고, 시간만 소모하고 효과적이지 못한 부분은 과감하게 제거해야 해. 그 일을 하지 않는다고 해도 아무런 일이 일어나지 않는다면, 거두절미하고 중단해야 하지. 마지막으로 이렇게 획득한 자유로운 시간을 효과적으로 활용하는 방법을 고민해야 해."

이야기를 나누며 틈틈이 포크를 움직이다 보니 어느새 유교수의 간식접시가 바닥을 보였다. 자연스럽게 메뉴의 또띠아 그림으로 눈이 가는 교수의 표정이 '나는 결코 먹고 싶은 게 아니다'에서 '나는 엄연히 먹고 싶은 게 맞다'로 변화했다. 눈치 빠른 차점장은 교수의 눈길이 고정된 또띠아를 주방에 주문하고 웰빙 곡물음료인 월넛프라프치노 한 잔을 만들어 왔다.

"교수님, 이번에 새로 출시된 월넛프라프치노인데 한번 드셔보세요."

"오! 나한테 시음할 기회를 주는 건가? 음…, 뭔가 미숫가루 같은데 그보다 더 고소하구만. 한 잔 마시면 꽤 든든하겠는데? 식사 대용으로도 괜찮겠어! 인기가 많겠군."

교수의 입가에 만족스러운 미소가 번졌다. 하지만 차점장의 얼굴은 그리 밝지만은 않다.

"왜, 생각보다 판매가 신통치 않은가?"

"네, 본사에서 신메뉴 개발에는 아주 열심인데, 마케팅 쪽은 영…. 손님들은 새로 뭐가 나왔는지도 잘 모르세요."

"에이, 그렇게 묻히기엔 아까운 맛인걸!"

"그러게 말이에요. 대형 연예기획사에서 작년부터 런칭한 경쟁 브랜드 〈카페테리나〉 같은 경우에는 엄청나게 공격적인 광고전략을 취하고 있어요. 소속 연예인들을 CF에 출연시켜서 단기간에 인지도를 높였죠. 신제품 홍보도 떠들썩하게 하고요. 그에 비하면 저희 브랜드는 판촉활동을 거의 하지 않고, 새로운 메뉴가 출시된다고 해도 주문대에 POP 정도 달랑 세워두는 게 다예요. 그래서야 연구개발을 그렇게 열심히 한 성과를 거두기 힘들지 않을까요?"

"음, 하지만 더 널리 알려졌다고 해서 내실까지 보장되는 건 아니야. 나도 카페테리나에 가봤지만 커피앤프레즐 같은 만족감은

별로 들지 않았어. 그냥 보통의 커피전문점이었지. 성장하기 위해 가장 우선해야 할 것은 유명세가 아니라 탁월함을 추구하는 일이야. 자신이 이룬 예상 밖의 성공을 발견해 그 기조를 견지해나가야 하지. 그런데 대부분의 경우에는 문제에만 신경을 쓴 나머지 성공의 증거들은 무시하고 말아. 성과란 오랜 기간에 걸쳐 업적을 쌓아나가는 지속적인 능력이란 사실을 기억해두게. 화려한 단기성과에 연연해 큰 그림을 보지 못하는 일은 없어야 하지."

"아, 교수님 말씀은 의외네요. 매출을 극대화하기 위해서라면 광고라는 도구도 활용할 줄도 알아야 한다고 말씀하실 줄 알았거든요."

"도구는 그저 도구에 지나지 않을 뿐이기 때문이지. 서툰 일에 자원을 사용하지 않고 스스로의 강점에 집중하는 편이 좋아. 경쟁업체인 카페테리나가 연예기획사에서 내놓은 브랜드라고 하지 않았나. 그럼 소속 연예인과 광고 이미지로 승부할 건 뻔한 일인데, 그런 자원을 가지지 못한 커피앤프레즐이 같은 전략으로 대응한다면 불리한 건 당연하지 않을까? 무능함을 보통수준으로 끌어올리는 일은 일류를 초일류로 만드는 것보다 훨씬 많은 에너지를 필요로 한다네."

"광고에 강한 경쟁자에게 광고로 대응해선 안 된다는 말씀이시군요. 저희만의 강점이라면…, 바로 음료와 제과의 품질이겠고요."

"그래요, 차점장. 커피앤프레즐의 메뉴들은 어디 내놔도 결코 뒤처지지 않으니까. 다만 수익성에 따른 판매전략의 재고(再考)는 필요하다고 봐."

잠시 후 유교수의 입 속에 침이 고이게 만들었던 또띠아가 나왔다. 미니피자 같은 모양새에 먹음직한 각종 토핑이 넘치도록 뿌려져 있다. 고칼로리 음식을 좋아하는 교수에게는 가장 황홀한 유혹.

"교수님, 뇌물입니다. 더 많이 가르쳐주세요, 흐흣."

'아니 뭐 이런 걸 다' 하는 표정을 짓는 교수의 손이 자신도 모르게 또띠아 한 조각을 집어 들고 있다.

"음…, (우물우물) 잘 먹을게요, 차점장. 이거 너무 맛있네. 자, 내가 하려던 말은 이걸세. 자네, 파레토의 80 대 20 법칙*이라고 들어본 적 있나?"

"아, 들어는 봤습니다. 전체의 20퍼센트가 80퍼센트를 먹여 살

---

* 이탈리아의 경제학자 파레토가 20퍼센트의 사람들이 전체 부의 80퍼센트를 소유한다는 사실을 발견하고 이를 다양한 사회현상에 적용해본 결과 80 대 20의 불평등이 존재하고 있음을 밝혀낸 법칙이다. 특히 기업에서의 80 대 20 법칙은 경영활동의 다양한 분야에 적용되는데, 20퍼센트의 제품이 전체 매출의 80퍼센트 이상을 올리거나, 20퍼센트의 충성고객이 전체 매출의 80퍼센트 이상을 구매하거나, 20퍼센트의 우수한 인력이 전체 일의 80퍼센트를 해내는 식으로 전체 결과의 80퍼센트가 전체 원인의 20퍼센트에서 일어나는 현상을 말한다.

린다는 얘기였던 것 같은데…."

"맞아요. 이러한 법칙은 어느 시대, 어느 국가, 어느 기업, 어느 집단을 막론하고 적용되지. 그리고 이걸 좀더 세분화한 게 20 대 60 대 20의 법칙이야."

"이 법칙이 저희 메뉴에도 적용된다는 말씀이신가요?"

"그래요. 분명 커피앤프레즐의 경우에도 20퍼센트의 메뉴가 달성한 매출이 총매출의 80퍼센트 이상일걸? 상위 20퍼센트, 중간 60퍼센트, 하위 20퍼센트로 구분해 각각을 분석해보면 어떤 전략을 취해야 할지 한눈에 보일 거야. 20 대 60 대 20 법칙을 달리 표현하면 ABC관리분석*이라고도 하지."

교수는 수첩과 펜을 꺼내 표를 그리며 설명을 이어나갔다.

"자, 보게. 20 대 60 대 20의 법칙에 따라 구분할 때도 각각의 메뉴 특성에 따라 더 구체화할 수 있어. 상위 20퍼센트의 메뉴는 높은 이익을 올리고 있는 메뉴와 매출총이익률이 저조한 메뉴로 나뉘지. 하위 20퍼센트는 그냥 실패작이야. 그리고 이도 저도 아닌 60퍼센트는 컨셉이나 가격 같은 메뉴설계에 결함이 있는 메뉴, 개발이나 홍보에 많은 비용을 들여도 별반 성과가 없는 메뉴, 쓸데없이 고급이라 외면받는 메뉴, 작은 기회만 잡으면 대박 날 메뉴

---

* 활동기준원가관리(Activity Based Costing)와는 다른 개념이다.

▼ 커피앤프레즐의 수익성에 따른 메뉴 구분

A그룹(상위 20%)	- 높은 이익을 올리고 있는 메뉴 - 많이 팔리지만 매출총이익률이 낮은 메뉴
B그룹(중간 60%)	- 컨셉이나 가격 등이 잘못 설정된 메뉴 - 자금과 노력을 투입해도 매출이 늘지 않는 메뉴 - 타깃고객에 비해 지나치게 고급인 메뉴 - 기회를 잡으면 잘 팔릴 만한 메뉴
C그룹(하위 20%)	- 팔리지도 않고 메뉴판만 차지하는 메뉴

등으로 구분돼. 각각의 이유에 따라 판매전략을 재설계할 필요가 있지."

"말씀하신 분류에 저희가 판매하고 있는 메뉴들을 대입할 수 있겠네요. 높은 이익을 올리는 메뉴는 역시 커피류예요. 아무것도 첨가하지 않은 에스프레소나 아메리카노는 물론이고 시럽이나 크림, 우유, 캐러멜 등을 첨가한다고 해도 원가수준이 낮아요."

"그렇지. 자장면보다 비싼 커피값의 실제 원가를 따져보면 깜짝 놀랄 만한 수준이라는 얘기를 나도 들은 적이 있네."

"네, 사실 커피원두는 잔당 7그램 정도밖에 들어가지 않는데, 최고급 원두를 사용하는 저희 브랜드의 경우에도 원두가격은 잔당 300원 수준이에요. 좀더 싼 원두를 사용하는 브랜드들은 잔당 140원 선까지 원두가격을 낮추죠. 여기에 뜨거운 물이나 우유, 시럽, 얼음 등을 더해도 잔당 원가는 많아야 400원 선이에요."

"직접제조원가만 따지면 그렇겠지. 문제는 간접원가인데, 커피 전문점 매장의 임대료와 관리비, 인테리어의 감가상각비, 인건비 등이 원가를 좌우하지. 따져보면 직접원가의 비중은 10~20퍼센트, 간접원가의 비중은 80~90퍼센트 정도일 거야. 결국 한 끼 식사비용과 맞먹는 커피 한 잔의 값은 원두의 향을 즐긴 대가라기보다는 세련된 매장 분위기와 서비스를 즐긴 대가라고 볼 수 있지."

"네, 그런 의미에서 테이크아웃 손님들은 가치에 비해 너무 비싼 커피를 드시고 계신 거지요. 저희 입장에서야 감사하지만."

"하하, 매장 입장에서 나는 달갑지 않은 손님이겠구먼. 나는 아무리 바빠도 커피는 꼭 자리에 앉아서 마시거든. 비치되어 있는 시럽이나 설탕, 냅킨도 가끔 몇 개씩 챙겨 가고."

"아유, 교수님도 참. 사실 교수님께서 지적인 풍모로 홀에 앉아 계시는 것 자체가 매장 분위기를 수준 높게 만들어주시는 거예요."

유교수는 자신을 치켜세워주는 차점장의 말에 껄껄 웃으며 대화를 이었다.

"기분 좋은 뇌물에, 아부에, 내가 오늘 아주 호강하는 걸. 자, 그럼 다른 메뉴도 몇 가지 적용시켜볼까? 원가가 높아 공헌이익이 적은 메뉴는 뭐가 있나?"

"사실 음료와 비교할 때 제과류는 재료비도 많이 들어가고 품도 많이 들어가서, 이익률만 따지면 대단히 남는 장사는 아니에요. 하지만 고객들이 워낙 좋아해주시고, 그 덕에 매출액의 상당부분을 기여하고 있죠."

또띠아를 한 조각 더 맛본 교수가 차점장의 말에 동의했다.

"그러게 말이야. 이 또띠아만 해도 품질에 비해 싼 편이라고 생각했거든. 커피 한 잔 값과 거의 비슷한데 직간접원가가 높으니까."

"네, 그래서 손님들이 많이 찾으시는 메뉴죠."

"음…, 그럼 하위 20퍼센트에 속하는 실패작은 뭘까…."

"흐흣, 비록 저희가 개발한 메뉴지만, 지옥의 맛을 경험할 수 있는 음료가 있죠."

"설마, 내가 생각한 그건가? …캐비지베지테리안주스."

"네, 맞아요. 맛도 괴상하고 냄새로 고약하고 색깔도 섬뜩하죠. 이제껏 주문하는 손님을 본 적이 없어요. 그래서 사실 재료도 준비되어 있지 않죠. 혹시라도 찾으시면… 재료가 떨어졌다고 말씀드리는 수밖에요."

"음, 그래. 나도 차마 그것만은 맛보고 싶지 않더군."

교수가 양배추주스의 맛을 상상하며 진저리를 치고는 다시 질문했다.

"그럼 이도 저도 아닌 메뉴로는 대표적으로 뭐가 있나?"

"일단 허브티 종류는 티백에 뜨거운 물만 더하면 되는데 가격이 높은 편이라 잘 팔리지 않고 있어요. 별다른 제조과정 없이 뚝딱 하고 나오는 음료이니, 고객 입장에서는 돈이 좀 아깝다고 생각하시는 것 같아요."

"음, 고객의 만족도에 비해 높은 가격이 문제로군."

"그리고 생과일주스와 마찬가지로 조각케익의 경우, 맛도 가격도 크게 경쟁력이 없는데 본사에서는 중요하게 생각하고 있죠. 파리에서 데려왔다는 유명 파티셰의 레시피라나요. 이례적으로 매장 밖 입간판에 포스터를 붙여 홍보하기도 하고요."

"대표적인 과다집착 제품이야. 비용이 계속 들어간다고 해도 매출이 늘어나긴 힘들 거야."

"그것뿐만이 아니에요. 저희 메뉴 가운데 가장 비싼 골드에스프레소콘파냐는 휘핑크림 위에 식용금박(금가루)을 뿌리죠. 호기심에 주문하시는 손님이 간혹 있기는 하지만 단순 화젯거리 이상은 되지 못했어요."

"음, 나도 지난번에 한 번 맛봤지. 그냥 커피맛이던데?"

"하하, 저런 괴상한 아이디어는 대체 누구 머릿속에서 나오는 건지 모르겠어요."

"금가루커피는 프랜차이즈 커피전문점이 아닌 호텔급 이상에서 취급해야 할 과잉사양 제품이라네. 몸에 걸친 옷이나 가방, 신

발은 중저가 브랜드인데 머리핀만 명품을 쓰고 있는 아가씨와 비슷한 경우라고 할까."

"네, 그에 비해 교수님께서도 호평해주신 월넛프라프치노는 웰빙을 추구하는 요즘 트렌드에도 잘 맞고, 직접 마셔본 손님들의 만족도도 높아요. 정작 주문하는 분들이 별로 없다는 게 문제지만요."

"잘 알겠네, 차점장. 이제 메뉴의 수익성과 특성에 따라 어떤 전략으로 대응해야 할지 생각해보세."

교수,
수익분석의 신대륙을 발견하다!

유교수는 수익성에 따른 메뉴의 구분이 관리자에게 어떤 도움을 주는지에 관한 설명으로부터 이야기를 시작했다.

"차점장, 메뉴 각각의 수익성을 제대로 파악하고 있으면 세 가지 측면에서 유리해진다네. 첫째, 판매계획을 효과적으로 세울 수 있고 이로부터 이탈하는 상황이 발생하는지 주의를 기울일 수 있지. 둘째, 매일매일의 운영을 보다 효율적으로 지휘할 수 있어. 그리고 셋째, 커피앤프레즐의 본사 또는 삼청동직영점이라는 조직이 당면한 문제점들에 대해 최적의 해결방안을 찾을 수 있지. 우리가 지금까지 이야기한 관리회계의 다양한 부분들은 바로 그런 계획과 통제를 위한 거야."

"네, 교수님. 원가와 이익 등에 대해 이야기하면서 보다 자세하게 들여다보니, 어떤 식으로 해나가야겠다는 방향이 보이는 것도 같아요. 앞으로 좀더 체계적으로 배워보고 싶다는 생각도 들고요."

▼ 수익성에 따른 판매전략

수익성	메뉴 세분화	판매전략
A그룹 (상위 20%)	높은 이익을 올리고 있는 메뉴 ex : 아메리카노 등 커피류 대부분(핵심메뉴)	현상 유지
	많이 팔리지만 매출총이익률이 낮은 메뉴 ex : 프레즐 등 제과류 대부분(고객만족도 높음)	판매 강화
B그룹 (중간 60%)	컨셉이나 가격 등이 잘못 설정된 메뉴 ex : 로즈마리 등 허브티류(사양 대비 고가격)	재점검 및 수정설계
	자금과 노력을 투입해도 매출이 늘지 않는 메뉴 ex : 생과일주스 및 조각케익(본사 집착) 등	퇴출
	타깃고객에 비해 지나치게 고급인 메뉴 ex : 골드에스프레소콘파냐(식용금박 첨가) 등	수정설계 또는 퇴출
	기회를 잡으면 잘 팔릴 만한 메뉴 ex : 월넛프라프치노(웰빙) 등	가능성 모색
C그룹 (하위 20%)	팔리지도 않고 메뉴판만 차지하는 메뉴 ex : 캐비지베지테리안주스(지옥의 맛) 등	퇴출

"그래요, 아까 차점장이 금가루가 들어간 커피 얘기를 했는데, 이 경우 원가도 높지만 이익률이 크고, 판매량은 적고, 판매촉진활동도 상대적으로 한정된 부류의 고객을 대상으로 이루어지지. 반면 매출총이익률이 낮은 편인 프레즐은 판매량을 대폭 늘림으로서 축적할 수 있는 이익이 더 클 수 있다는 생각으로 이익의 폭을 낮게 유지하는 메뉴야. 이러한 메뉴 각각의 특성에 대해 어떤 전략을 선택하느냐는 전적으로 경영자와 관리자의 판단에 달려 있는 거라네."

교수는 좀 전에 수첩에 적은 수익성에 따른 메뉴 구분 표에 이후의 전략방안을 적어나가기 시작했다.

"자, 가장 높은 이익을 올리고 있는 커피류를 볼까? 관리자는 마진율이 가장 높은 제품을 그에 합당하게 우선적으로 취급해야 하네. 우선순위를 결정하고 나면 기본적인 전략과 행동을 규정할 수 있지. 원가가 낮고 판매가 많아 단위당 공헌이익을 극대화할 수 있는 커피류는 현재의 안정된 상태를 유지하는 전략을 쓰는 것이 좋아. 원가를 절감한다는 이유로 싸구려 원두를 써서 고객에게 외면받거나, 지금도 잘 팔리고 있는데 공연히 더 고가의 원두를 쓸 필요는 없지. 반면 원가 비중 때문에 이익이 적은 제과류는 판촉활동을 강화해서 더 많은 판매를 이끌어내는 편이 좋지. 그런 의미에서 커피류와 제과류의 세트메뉴도 고안해봄직 하겠군. 마진은 다소 낮아지겠지만 판매량을 늘릴 수 있는 방법이야."

"일단 수익성 상위 20퍼센트인 A그룹에 집중해야 하는 거로군요."

"맞네. 80퍼센트를 먹여 살리는 20퍼센트에 대한 긴밀한 관리가 가장 원활하게 수익을 향상시킬 수 있는 길이야. 제품마다의 수익성이 동일하지 않은 것처럼 고객 또한 동일하지 않아. 중요도에 따라 차별적으로 관리해야 하지. 은행이나 카드사, 백화점의 고객 데이터베이스 분석에 따른 차별화전략을 생각해보게. 보스턴은행은 요트나 골프처럼 고소득자들의 취미와 관련된 클럽을 만들어 커뮤니티를 형성하고, 유지들과의 네트워킹을 활성화해 비거래고객을 확보함으로써 수신고를 300퍼센트가량 증가시키기도 했지. 국내에서도 이를 벤치마킹해 모 카드사는 자사 고객들만을 위한 음악회를 열기도 하고, 어느 백화점에서는 1년에 3천만 원 이상 구매하는 VVIP에게 라운지 사용 및 발레파킹 서비스를 제공하기도 한다네. 공헌이익이 높은 제품에도 공헌이익이 높은 고객과 마찬가지로 높은 지위를 부여해야 해. 가치가 높을수록 보다 많은 자원을 투입해 관리해야 한다는 뜻이야."

"그럼 지옥의 맛 캐피지베지테리안주스 같은 실패작은 어떻게 해야 할까요?"

"이건 뭐 구제불능이야. 하위 20퍼센트인 C그룹에는 폐기라는 철퇴를 내려야 해."

"하하, 저희 대표님이 이 말씀을 꼭 직접 들으셔야 하는데."

이야기를 너무 많이 했는지 입 안이 마른 교수의 설명이 잠시 멈춘 동안 차점장은 로즈마리와 자스민 한 잔을 가져왔다.

"교수님, 이거 한 잔 드세요. 느끼한 것들을 많이 드셨으니 이거 드시면 입 안이 개운해지실 거예요."

"오, 허브티로구만. 가격이 비싸서 사람들이 별로 안 찾는다는."

"호호, 네."

"차점장, 가격을 책정할 때는 무엇을 기본적으로 고려해야 할까?"

"음…, '어떤 가격을 매겨야 이익이 남을까' 하는 게 아닐까요?"

"그건 손익분기의 문제야. 가격책정의 가장 정상적인 방법은 '시장에서 이 제품이나 서비스에 얼마나 지불할 용의가 있는가'에 근거하는 거지. 그러니, 제품에 따라 가격을 매기기보다 가격에 맞는 제품을 설계하는 것이 우선이야. 아무리 질 좋은 제품이라도 그것을 살 사람들의 주머니 사정을 고려하지 않는다면 그 제품은 살아남기 힘들지."

"그런가요? 하지만 제품을 판매하는 입장에서 생각해보면 이익을 내기 위해 해야 할 일이 너무 많아져요."

"처음에야 그렇지. 비용을 줄임으로써 이윤을 만들기 위해 많은 단계가 필요한 건 분명해. 그래도 결과적으로는 첫 단추를 잘못 끼움으로 인해 지속적으로 지지부진한 매출을 올리는 것보다는 훨씬 유리하다네. 예를 들어 '벽돌폰'으로 불리던 고가의 초기 휴대전화가 시장의 유일한 제품이었을 무렵 휴대전화는 일부 부유층의 전유물일 뿐이었어. 대부분의 사람들은 휴대전화 없이도 큰 불편 없이 살았지. 하지만 PCS를 비롯해 저가 또는 공짜 휴대전화가 등장하자 고객들은 기꺼이 이를 구매했고, 휴대전화시장은 그야말로 빅뱅을 맞이하게 됐지. 허브티의 높은 가격을 고객이 부당하다고 생각한다면, 다른 메뉴의 가격수준에 맞춰 고가격을 유지할게 아니라 고객이 합당하다고 생각하는 가격대로 재설계할 필요도 있어."

"그럼 금가루커피도 가격과 사양을 낮추면 판매개선의 여지가 있을까요?"

"가능할 수도, 가능하지 않을 수도 있네. 식용금박이 아니라 미세금분을 아주 살짝만 뿌려주는 정도의 사양에 가격대는 기타 커피류와 비슷한 수준이라면 독특한 커피 종류의 하나로 자리매김할 수도 있겠지. 문제가 있을 때는 우선 이를 개량하려고 노력하는 것이 마땅해. 첫 번째 시도에서 성공하지 못하면 처음과 다른 노력을 기울여 다시 한 번 시도할 필요가 있어. 새로운 전략은 처음부터 효과를 볼 수 있다고 장담할 수 없으니까 말이야. 하지만 중요한 것은 그 과정에서 반드시 무언가를 배워야 한다는 거야. 필요하다면 세 번째 시도까지 해볼 수 있네. 그래도 뭔가 얻지 못한다면 이후에는 현재 성과를 내고 있는 분야에 집중하는 게 낫지. 거기에는 시간과 자원, 해야 할 일이 잔뜩 있으니까 말이야. 결과적으로 고객의 호응을 얻지 못한다면 금가루커피 역시 퇴출되어야 마땅해."

"B그룹은 A그룹에 비해 중요도는 낮지만 다각도의 검토가 필요하겠군요."

"일부는 A그룹에 필적할 만한 긴밀한 관리가 요구되기도 해. 월넛프라프치노처럼 현재는 매출비중이 크지 않지만 가능성이 보이는 신데렐라상품이 그에 속하겠지."

"네, 반면 생과일주스나 조각케익처럼 본사의 집착에 의해 유지되고 있는 메뉴는 확고한 근거를 들어 폐지시키는 게 낫겠지요?"

"그래요, 수익성이 낮은 품목의 계획적인 폐기야말로 새로운 품목을 강하게 진행시키기 위한 유일한 방법이라고 할 수 있지. 아이디어나 창조력이 부족한 조직은 없어. 좋은 아이디어를 실현하기 위한 여건이 부족하다는 것이 문제지."

잠시 설명에 간격을 둔 유교수는 수첩에 정체불명의 곡선을 하나 그었다. '이게 대체 뭔가' 싶어 의아해하는 차점장에게 교수가 질문했다.

"차점장, 이게 뭘로 보여요?"

"음…, 단순한 곡선으로 보이는데요?"

"이놈은 고래야. 수면 위로 머리 윗부분과 등을 내민 고래. 꼬리는 물속에 잠겨 있지."

"네? 이게 고래라고요?"

"응, 하버드대의 로버트 카플란 교수가 만든 고래곡선(whale curve)이라고 불리는 그래프인데, 수익성이 높은 순서대로 제품이

▼ **고래곡선**

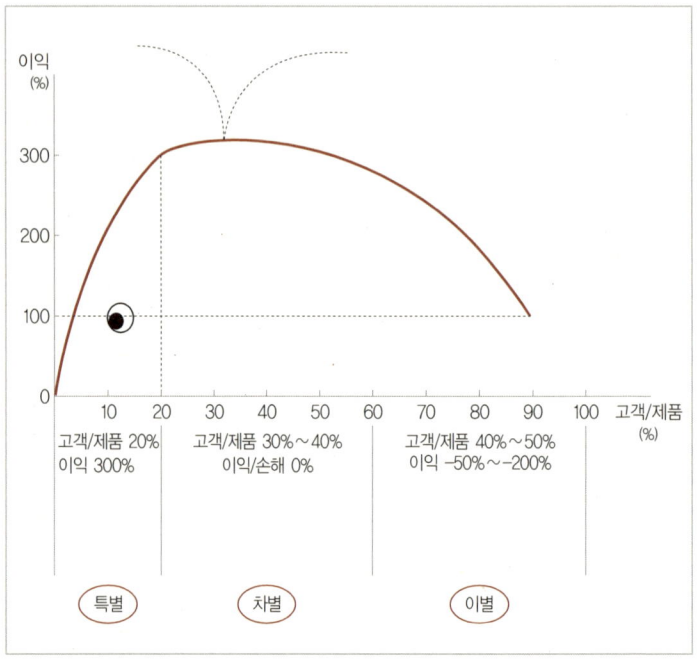

나 고객층을 나열하고, 각각의 수익성을 누적시켜 더해나가면 꼭 고래등처럼 보이지. 이 고래곡선을 보면 어떤 제품(고객)이 기업을 먹여 살리고, 어떤 제품(고객)이 되려 기업의 살을 깎아먹고 있는지 알 수 있다네."

"20 대 60 대 20 법칙이 적용되는 건가요?"

"거의 비슷해. 상위 20퍼센트가 300퍼센트의 이익을 내고, 중간 30~40퍼센트가 이익도 손해도 내지 않으며, 하위 40~50퍼센트가

50~200퍼센트의 이익을 잠식한다고 보는 거지. 여기서 얻을 수 있는 결론은, 상위 20퍼센트의 제품(고객)만으로 장사했더라면 현재 이익의 세 배는 달성할 수 있었겠지만 나머지 80퍼센트가 이익을 잠식해버린다는 거야. 물론 상위 20퍼센트만 놔두고 나머지 80퍼센트는 없애버린다면, 곧 그 20퍼센트의 20퍼센트만 남기고 나머지는 없애고, 또 다시 20퍼센트의 20퍼센트의 20퍼센트… 하는 식으로 폐지시키다가 종국에는 아무것도 남지 않겠지. 그러니 이 그래프의 진정한 의미는 수익성에 따른 구별이 필요하다는 뜻으로 받아들이면 돼. 상위그룹은 특별하게 취급하고, 중간그룹은 차별적으로 취급하고, 하위그룹과는 이별하란 얘기야."

"잘 알겠습니다, 교수님. 여기서 오래 일하다 보니 열 손가락 깨물어 안 아픈 손가락 없다고, 정해진 메뉴에 대해서는 언제나 비슷한 노력을 기울여왔어요. 하지만 관리자 입장에서는 전략적으로 생각해야 할 것들이 아주 많네요."

"그래요. 다만 차점장이 한 가지 기억할 게 있네. 제품라인의 추가나 폐지를 결정할 때 말이야."

"네, 교수님. 말씀해주세요!"

"음, 수익성이 저하된 오래된 제품라인의 폐지문제와 새로운 제품라인의 추가문제는 관리자가 해결해야 할 어려운 의사결정 중 하나일세. 이 문제의 경우에도 여러 가지 양적 요소 및 질적 요소들이 고려돼야 하지. 궁극적으로 제품라인의 추가 또는 폐지에 대한 의사결정은 이 결정이 순이익에 미치는 영향이 어떠한가에 따라 내려지는 만큼, 이 영향을 평가하기 위해서는 관련된 원가들에 대한 신중한 분석이 필요하다네."

"아…, 원가에 대한 분석이요…."

"응, 그래. 화장품, 주방기구, 학용품의 세 가지 제품라인을 취급하는 마트의 예를 생각해보자고. 지난달 제품라인별 및 마트 전체에 대한 매출과 원가에 대한 정보가 다음과 같다고 가정하세."

금세 표 하나가 뚝딱 그려지고, 교수의 설명이 이어졌다.

"여기서 마트 전체의 실적을 향상시키기 위해 어떤 조치가 취해져야 할까? 학용품라인이 순손실을 낸 것으로 나타나 있는데, 어쩌면 이 라인을 폐지하는 것이 마트 전체의 순이익을 증가시키는 방법이 아닐까?"

"음, 폐지가 정답인지 아닌지 단번에 이야기할 수 없는 거군요. 그럼 학용품라인이 폐지되어야 하는지 결정하기 위해 관리자는 무엇을 살펴봐야 할까요? 아까 배운 대로 공헌이익과 회피가능원가를 비교해보면 될까요?"

"그렇지. 아주 잘 기억하고 있네. 학용품라인이 폐지되면, 마트는 고정비를 회수하는 데 도움을 주고 있는 2만 원만큼의 공헌이익을 잃게 되지. 그러나 이 학용품라인을 폐지함으로써 고정비의

	합계	제품라인		
		화장품	주방기구	학용품
매출	₩250,000	₩125,000	₩75,000	₩50,000
(-)변동비	105,000	50,000	25,000	30,000
공헌이익	145,000	75,000	50,000	20,000
(고정비):				
임금	50,000	29,500	12,500	8,000 (회피가능)
광고비	15,000	1,000	7,500	6,500 (회피가능)
수도광열비	2,000	500	500	1,000 (회피불능)
감가상각비	5,000	1,000	2,000	2,000 (회피불능)
임대료	20,000	10,000	6,000	4,000 (회피불능)
보험료	3,000	2,000	500	500 (회피가능)
일반관리비	30,000	15,000	9,000	6,000 (회피불능)
총고정비	125,000	59,000	38,000	28,000
순이익(손실)	₩20,000	₩16,000	₩12,000	₩(8,000)

일부분을 회피할 수도 있을 거야. 특정 종업원을 해고시킬 수도 있고 광고비를 절약할 수도 있겠지. 만일 학용품라인을 폐지함으로써 회피할 수 없는 고정비가 잃어버리는 공헌이익보다 크다면, 이 라인을 폐지하는 것이 전체적인 순이익을 향상시키는 결과를 가져다주겠지. 반면 회피할 수 있는 고정비가 잃게 되는 공헌이익보다 작으면, 이 제품라인의 폐지결정은 전체적인 순이익을 감소시킬 테니 라인을 그대로 유지하는 것이 낫고."

"모든 원가가 회피 가능한 것은 아니지요?"

"자네 말이 맞아. 제품라인에 연관된 원가라 하더라도 어떤 것은 매몰원가인 것도 있고, 또 어떤 것은 배분된 공통원가로서 제품라인이 폐지되거나 유지되는 데 관계없이 총액은 불변하는 원가도 있어. 만약 제품라인을 폐지함으로써 회피할 수 있는 고정비가 잃게 되는 공헌이익보다 작다면, 폐지함으로써 생기는 유휴자원을 다른 수익성 좋은 제품라인으로 대체시키지 못하는 한 폐지시키지 말아야 해."

"음…, 손실을 내고 있는 라인을 왜 유지해야 하는 거죠?"

"이에 대한 부분적인 설명으로는 각 제품라인에 배분된 공통고정비를 들 수 있지. 공통고정비를 여러 제품에 배분하고 있어 생기는 중요한 위험 중 하나가, 이 배분이 어떤 제품을 실제보다 수익성이 덜한 것으로 보이게 한다는 점이야. 공통고정비를 모든 제품라인에 배분함으로써, 사실은 폐지시키는 것이 회사 전체의 순이익을 감소시키는 결과를 가져옴에도 불구하고 수익성이 없는 것처럼 보이게 할 수도 있네. 이는 공통고정비를 제외하고 다시 정리하면 명백하게 알 수 있지."

"아…, 보였다가 보이지 않았다가…. 뭔가 해리 포터의 투명망토 같은 거로군요."

"응, 그러니까 더욱 각별히 조심해야 하는 거야. 다시 정리하면, 학용품라인은 이에 관련된 직접고정비를 다 회수하고도, 회사 공통의 고정비를 회수하는 데 공헌할 수 있는 5천 원만큼의 부문이익을 내고 있어. 이보다 더 큰 부문이익을 낼 수 있는 다른 제품라인을 발견해내지 못하는 한, 학용품라인을 유지하는 것이 유리하지. 이를 유지하는 것이 이 라인이 차지하고 있는 공간으로부터 조직 전체에 공통으로 발생하는 고정비를 회수하는 데 공헌하는 얼마간의 이익을 거둬들일 수 있는 길이야."

"음…, 다소 어렵긴 하지만 무슨 말씀이신지 알 것 같아요."

"허허, 다행이네. 그리고 한 가지 더. 특정 제품라인의 공헌이익이 다른 제품라인들에 비해 다소 떨어지더라도 이 제품라인이 존재함으로써 다른 제품의 판매가 활성화되는 경우나 더 많은 고객을 유치할 수 있는 경우에는 그 제품라인을 대체 또는 폐지하는 것보다 계속 유지하는 것이 바람직할 수 있다네. 예를 들어 제과점에서 팔고 있는 식빵이 수익성 면에서 탐탁하지 않을 수 있지만, 빵을 사러 오는 고객이 매장에 식빵이 있을 것이라고 대부분 기대하거나, 또는 식빵라인을 없앰으로 인해 고객들이 다른 제과점으로 발걸음을 옮길 가능성이 있는 경우에는 이를 유지하는 것이 현명한 선택일세."

"네, 잘 알겠습니다. 교수님께서 말씀해주신 내용이 중요한 의사결정기준이 될 것 같아요."

"그래요, 차점장에게 내 얘기가 조금이나마 도움이 됐다면 더 바랄 게 없겠군. 어이쿠, 벌써 시간이 이렇게 됐네. 내가 바쁜 사람 붙들고 주책없이 너무 오래 떠든 건 아닌가 모르겠군. 오늘은 이만 들어가봐야겠어. 곧 손님도 많아질 시간이고."

"오늘 너무 감사했습니다, 교수님. 앞으로도 종종 이렇게 가르침 주시면 좋겠어요. 교수님 간식은 영원히 저희가 책임지겠습니다!"

"하하, 말만이라도 충분히 고맙네. 그럼 조만간 또 보자고. 수고해요."

유교수는 커피앤프레즐의 유리문을 열고 매서운 돌풍이 공중으로 바짝 마른 플라타너스 낙엽을 흩날리는 거리로 나섰다. 정신적 뿌듯함과 육체적 포만감이 교수의 입가에 환한 미소를 띠웠다.

5

유교수,
막강 경영관리를 말하다

미다스그룹의 신규사업부문 〈M-매직〉의 한호동 대표는 유교수가 출강하는 경영자과정의 졸업생이다. 호텔VIP에서 열린 연말 파티에서 한대표와 만난 유교수는 대기업 경영관리자로서의 성과평가에 대한 고민을 해결하는 데 동참한다.

이 장에서 주목할 키워드

- 분권화
- 게임이론
- 투자수익률(ROI)
- 경제적 부가가치(EVA)
- 대리인이론
- 책임회계제도
- 잔여이익(RI)
- 균형성과평가제도

교수, VIP로 초빙받다!

늘 바쁜 유교수지만, 12월은 유난히 더 바쁜 달이다. 한 해를 마무리하며 해야 할 일들도 많지만, 한동안 만나지 못했던 지인들을 연말모임이라는 핑계로 한꺼번에 만나는 일들이 연일 이어지기 때문이다. 이번 주만 해도 벌써 세 번째다.

어제는 초등학교 동창들 모임을 다녀왔다. 장소가 유난히 차가 많이 막히는 곳이라 갈까 말까 한참 동안 고민했는데, 그래도 1년에 한두 번이나 볼까 하는 친구들 생각에 망설임을 지웠다. 지난여름 등산길에 우연히 만났던 친구 단건만 사장의 환해진 얼굴을 보니 오길 잘했다는 생각이 몇 번이나 들었는지.

하지만 좋은 건 좋은 거고, 문제는 오늘 또 나가야 한다는 것이다. 정년퇴임 후에도 K대학 경영자과정에서 강의를 하고 있는데, 오늘 모임의 주최가 바로 그들이다. 게다가 모임이 열리는 장소는 평소 아내 금여사가 음식 맛있다는 소문이 자자하다면서 꼭 한번 같이 가자고 압력 아닌 압력을 행사해온 곳이다. 부부동반이라는 걸 알자마자 오늘을 손꼽아 기다려온 터라, 피곤해서 안 간다고 하면 뒤따라 나올 금여사의 반격이 두려웠다.
'아, 정녕 오늘도 그 교통지옥을 뚫고 가야만 하는 건가?'
언제나 웃는 낯이던 교수의 얼굴에도 피곤의 빛이 짙게 내려앉았지만, 금세 평소의 그로 돌아왔다.
'피할 수 없으면 즐겨야지. 이왕 가기로 한 것, 가서 즐겁게 보내고 맛있는 음식 먹고 오는 거야. 자, 가자고!'

맛있는 음식 생각에 한껏 기분이 좋아진 금여사와 유교수가 도착한 곳은 요즘 꽤 잘 나간다고 알려진 〈호텔VIP〉. 처음엔 이름만 듣고 촌스럽다고 여겼는데, 독특한 인테리어와 최상의 서비스로 그 명성이 세간에 오르내리더니 국내 굴지의 호텔체인이 되어 있었다.
'연말모임이라지만 이런 곳에서 하려면 값이 꽤 비쌀 텐데…. 이 친구들 무리하는 건 아닌가 모르겠군.'
이런저런 생각을 하며 호텔로비로 들어서자 명성이 결코 헛되지 않음을 알 수 있을 만큼 고급스런 실내와 한결같이 웃음으로 맞이하는 스태프들이 인상적이었다. 호텔 이름처럼 스스로 VIP가 된 것 같아 기분이 좋아졌다.

'음, 역시 서비스가 좋긴 좋구먼. 소문이 그냥 난 게 아니었어.'

슬쩍 보니 금여사도 기분이 좋은지 입꼬리가 한참이나 올라가 있다.

'이크, 이렇게 좋아하는데 안 왔으면 큰일 날 뻔했군.'

모임이 열리고 있는 그랜드볼룸으로 들어가자, 테이블마다 사람들이 모여 담소도 나누고, 여기저기 자리를 옮기며 인사를 나누는 모습이 보였다. 누군가 입구에 들어서는 유교수를 보았는지, "교수님~" 하면서 앞으로 나온다. 그 소리에 몇몇이 일어나 유교수 부부에게 인사를 한다.

교수는 자신에게 다가오는 이를 바라보다, 이내 그가 지난해 K대학 경영자과정을 수료한 한호동 전무라는 걸 알아봤다. 기억을 더듬다 보니, 지난해 미다스그룹의 한 건강사업부문 대표이사로 승진했다는 얘기를 들었던 것 같다. 그러고 보니 이 호텔VIP도 미다스그룹 계열이었던 모양이다. 오랜만에 만난 한대표는 좀 피곤해 보였다. '저 친구도 연말이라 많이 바쁜가보군. 저 나이 때는 건강도 중요한데…' 하는 생각을 하고 있을 때, 유교수 앞으로 다가온 한대표가 인사를 건넨다.

"오랜만에 뵙습니다, 교수님. 사모님도 잘 오셨습니다. 저희 미다스그룹 계열 호텔인데 즐거운 시간 보내십시오. 불편한 점이 있으면 언제든 말씀해주시고요."

"네, 덕분에 감사합니다. 아주 좋은데요."

금여사의 하이톤 대답에 이어 유교수도 인사를 건넨다.

"오랜만입니다, 한대표. 잘 지내지요? 이 호텔도 정말 좋군요. 아주 근사해요. 미다스그룹이 재계에서 승승장구하는 이유를 알겠어요. 끊임없이 혁신사례들을 창출해내는 대단한 기업이네요."

"감사합니다, 교수님. 아직 부족한 부분이 많아 애를 먹고 있습니다만, 그래도 생각보다 잘 돌아가는 거 같아서 다행스럽긴 합니다…."

"허허, 이 사람. 엄살을 떠는구먼. 이 호텔만 봐도 그래요. 서비스도 좋고, 아직 음식을 먹어보진 않았지만 무척 맛있다고 소문이 났던데. 최고의 서비스로도 명성이 자자하고 말이야."

"하하. 그건 밖에서 하는 이야기고, 저는 매일 숙제가 늘어나 아주 힘이 듭니다. 아, 이럴 게 아니라 자리에 앉으시지요. 제가 손님을 세워놓고 실례가 많았습니다. 얼른 이쪽으로 오세요, 교수님."

"그럽시다. 잠시 후에 좀더 이야기 나눠요, 한대표."

한대표의 어두운 안색이 맘에 걸린 교수가 아내와 함께 자리에 앉으며 말을 건넸다. 인사치레 반 걱정 반의 얘기였는데, 한대표가 그 말에 반색을 하며 답을 한다.

"그렇지 않아도 교수님을 한번 찾아뵈려고 생각하고 있었습니다. 여쭐 것도 있고, 듣고 싶은 말씀도 있어서요. 일단 식사 먼저

하시고, 저는 잠시 후에 다시 오겠습니다."

한대표가 자리를 뜨자, 그제야 음식에 관심을 쏟고 있는 금여사와 마주한다.

"어차피 온 거, 식사나 맛있게 합시다. 얼른 들어요."

이런저런 분위기를 살피던 금여사도 내심 '괜히 오자고 성화를 부렸나' 하는 생각에 교수에게 좀 미안한 표정이다.

"괜찮겠어요? 저 분은 급한 얘기가 있는 것 같은데…."

"괜찮아요. 여기 우리에게 대접하려고 내놓은 음식을 그냥 놔두면 그게 더 실례지. 자, 걱정 말고 일단 듭시다. 저 친구 얘기는 나중에 더 자세히 들으면 돼요."

연회 분위기가 무르익고 오랜만에 만난 동문들이 안부를 다 주고받았을 즈음, 한대표가 유교수에게 다가온다. 제자들이 권하는 술을 거절하지 못한 교수의 얼굴이 붉게 달아올랐는데, 한대표의 얼굴은 그보다 더 붉다.

"교수님, 제 잔도 한잔 받으십시오."

"아, 한대표. 그럽시다. 오늘은 음식도 너무 훌륭하고, 분위기도 아주 멋지네요. 덕분에 우리가 이렇게 대접을 다 받고. 오늘 정말 즐겁군요."

교수의 인사에 미소 짓던 한대표가 이내 얼굴 표정이 굳는다.

"그렇게 생각해주시니 고맙습니다. '혁신'을 화두로 모든 직원이 열심히 하니까 보기에는 좋습니다만, 그렇다고 보이는 것만큼 그렇게 좋은 것도 아닙니다. 조직 내부에서 여러 가지 말도 많고, 부문별 평가방식도 다르고…. 나름대로 우리가 성장할 수 있게 만들었던 비전이 색이 바랜 느낌입니다. 얼른 조치를 취해야지, 이러다가는 큰코다칠 것 같아서 제가 요즘 불면증이 다 생겼습니다."

"아…."

교수가 잠시 말을 잃었다. 어떻게 얘기를 꺼내야 할지 갈피를 잡기도 어려웠다. 취기 때문인지 한대표의 감정은 꽤 기복이 심한 것 같아서 지금은 무슨 말을 해도 나중에 기억하지 못할 듯했다. 내심 이 상황을 어떻게 정리해야 하나 하는 고민이 생기는 중이었다.

"그래서 말씀인데요. 다음 주에 혹시 시간 좀 내주실 수 있습니까? 아무래도 조용한 장소에서 뵙고 싶은데 가능하실지…."

"아, 그럽시다. 잠깐 내 스케줄을 한번 봅시다. 원래 이렇게 바쁜 사람이 아닌데 연말이다 보니 요즘은 모임이 좀 많아서. 그래도 오늘 이런 대접도 받았는데, 우리 한대표랑은 시간을 꼭 내야지요. 자, 봅시다."

수첩을 꺼내 뒤적이던 교수가 다시 말을 잇는다.

"나는 다음 주 월요일부터 수요일까지는 별 약속이 없어요. 점심은 다 비어 있으니, 바쁜 한대표에게 맞춰요."

별말을 한 것 같지도 않은데 한대표의 낯빛이 확 밝아지는 게 한눈에 보인다. 한대표가 바로 말을 받는다.

"그럼 월요일 점심 어떠십니까? 제가 교수님을 모시겠습니다."

"어허, 이 사람. 그럴 필요는 없고. 그럼 내가 월요일 점심을 대접하지요. 이 부근에 내가 좋아하는 식당이 있거든. 그 집에서 봅시다. 장소는 내가 내일 전화번호와 함께 메일로 보내죠. 그 집 이름이 기억이 안 나서 말이지, 허허."

"네, 교수님. 그럼 저는 월요일에 뵙는 것으로 알고 있겠습니다. 감사합니다, 교수님! 덕분에 제가 이번 주말은 마음 편하게 쉴 수 있을 것 같습니다."

"사람 참. 나를 너무 과대평가하니 영 어지럽구먼. 밥 한 끼 같이하는 걸 가지고 뭘 그러는지…."

교수,
권한과 책임의 핵심을 찌르다!

월요일 점심, 유교수는 한대표와의 약속을 위해 한정식집 〈윤가다헌〉을 찾았다. 오래된 한옥을 개조한 이 집은 갤러리와 레스토랑을 겸하는 곳으로, 고즈넉한 분위기와 깔끔한 맛으로 꽤 유명한 집이라 시내에 나올 때면 자주 찾는 곳이기도 했다. 지난 주말 호텔VIP 음식과 서비스를 칭찬하느라 하루 종일 콧노래를 부르던 금여사를 생각하니 한대표에게 맛있는 식사를 대접하고 싶기도 했다.

오늘도 교수는 평소의 습관대로 약속시간보다 빨리 도착해 갤러리를 둘러보며 한대표를 기다리고 있었다. 오랜 직장생활로 시간관념이 철저한 한대표 역시 시간에 맞춰 도착했다.

"아, 교수님. 제가 늦었습니다. 여기까지 오시게 해놓고. 죄송합니다. 서두른다고 서둘렀는데…."

제자보다 일찍 온 스승 앞에 꽤 미안한지 한대표가 서둘러 사과를 한다.

"아, 무슨 말을. 내가 좀 일찍 움직였어요. 직장생활하는 사람이 시간 맞춰 나오는 거야 당연한 거고. 괘념치 말고 식사합시다. 그날 음식이랑 서비스가 너무 좋았어요. 우리 집사람도 주말 내내 그 얘기만 해대는 통에…. 덕분에 내가 체면이 좀 살았어요."

"하하, 그렇게 느끼셨다니 감사합니다."

"오늘은 내가 맛있는 것으로 대접할 테니 사양 말고 들어요."

"아, 별말씀을. 제가 모셔야지요."

교수가 손사래를 치며, '아니, 오늘은 내가' 하는 표정으로 메뉴판을 내민다. 종업원이 추천하는 메뉴를 선택한 두 사람은 음식이 나올 때까지 잡담을 나누었다. 중간중간 대화가 끊기기는 했지만 그래도 꽤 좋은 분위기였는데, 한동안 물잔을 바라보던 한대표가 조심스럽게 입을 뗀다.

"저, 교수님. 이런 말씀 드리기가 민망한데, 그래도 교수님께 조언을 들어야 제가 생각하고 있는 방식이 맞는 건지 확인을 할 수 있을 것 같습니다."

"허허, 괜찮아요. 제자가 선생한테 질문하는 게 뭐 대수라고. 지난주에도 얼핏 들은 바로는 회사일 같던데…."

"네, 그럼 염치불구하고 말씀드리겠습니다. 제가 이 회사에 근무한 지가 이제 20년이 됩니다. 아시겠지만 저희 미다스그룹은 건

축자재를 제조·판매하는 것으로 시작된 기업입니다. 경제성장과 맞물려 건축경기도 좋았고, 과감한 도전과 시도로 명실상부한 중견그룹의 자리를 차지하게 되었습니다. 오늘의 미다스그룹이 있기까지 모든 임직원이 한마음 한뜻으로 뛰어주었기 때문이라는 것도 알고 있습니다. 거기다 이전 회장님께서는 상황유지를 고수하시는 편이었는데, 8년 전에 새로 취임한 CEO의 성향이 도전적이고 새로운 시도에 겁내지 않는 편이라 여러 계열사로 확장했고, 지금은 분야별로 저희 손이 닿지 않는 곳이 없는 것 같습니다. 처음 시작하는 일이다 보니 시행착오도 많이 겪었지만, 오늘을 생각하면 그건 다 감내할 수 있었던 시련이다 싶기도 합니다."

"음, 그렇군요. 장족의 발전을 이룬 역사였지요."

"그런데 조직이 커지다 보니 문제가 한두 가지가 아닙니다. 일단 사업부별 목표도 문제가 되고, 향후 투자나 평가도 생각할 것이 많고. 게다가 신규사업부문으로 진출하면서 막대한 자본을 투자했는데, 사실 이 투자가 제대로 된 것인지에 대한 확신도 없습니다. 자본이 투여되었으면 아웃풋으로 이익창출이 되어야 하는데, 이게 다 계산하는 방식이 다릅니다. 특히 이번 신규사업은 몇 부문이 합동해서 TF팀을 만들어 진행한 것이라 문제가 더 큰 것 같습니다. 간접비 배분부터 그 일에 관여한 인력의 평가와 보상까지. 제가 그 TF팀을 주관하게 되어 골머리를 앓고 있습니다."

"듣고 보니 한대표가 고민이 많을 만하군요. 그래, 신규사업을 시작하는 것도 쉬운 일이 아닌 데다 여러 부문이 합쳐서 같이 일하면 생각할 일들이 갑절이죠. 분권화다 책임회계다 하는 얘기에, 성과평가까지라. 어깨가 무겁겠는데요. 그래도 해결해야 하는 일이면 해야지요. 백짓장도 맞들면 낫다고 하니, 우리 하나하나 풀어봅시다. 내 큰 힘은 못 되겠지만 그래도 힘껏 도울 테니, 어깨 펴고 식사 먼저 합시다."

한대표가 신세한탄을 하는 새, 정갈한 음식이 눈앞에 차려져 있었다. 윤가다헌은 소위 퓨전 한정식을 표방하는 곳이라 그런지 내오는 음식도 신기하고 예뻤지만, 한 상에 다 차려놓고 먹는 우리네 한식상차림에 서양식의 코스차림이 어우러진 서빙을 하는 곳이었다. 테이블 위에는 몇몇 밑반찬이 곱게 차려져 있고, 각자의 앞에는 죽과 샐러드가 놓여 있었다. 유교수가 한대표의 죽그릇을 앞으로 밀어주며 어서 들라고 웃음을 짓는다.

"죽을 먹으면 속이 아주 편해지지요. 예전에 〈대장금〉이라는 드라마에서 장금이가 청나라 사신에게 죽을 대접한 일로 죽을 뻔한 위기에 처하는 장면이 있었는데, 혹시 본 적 있나요?"

"헛, 아니요. 제가 그 드라마를 보질 못해서…."

"흠, 뭐 나도 꼼꼼하게 본 것은 아니지만 장금이가 청나라 사신에게 지병이 있는 것을 알아내고 그 사람 몸에 맞는 음식을 대접해요. 사신은 초라한 음식에 화를 내지만, 후에 장금이가 그런 음식을 대접한 까닭을 알고 그녀를 칭송하지요. 음식은 그냥 음식이 아니라 사람 몸에 맞을 때는 약보다 나을 때가 있어요. 그것처럼 어떤 결정을 하건, 그 선후를 잘 따져봐야 하지요. 그러니 너무 조급해 하면 안 돼요. 일단 음식을 제대로 챙겨먹고 한대표 마음부터 다스린 다음 차근차근 풉시다. 얼른 들어요."

"네, 교수님."

교수의 따뜻한 위로에 마음이 녹아내리는 것 같은 한대표다. 짧은 시간 동안 그것도 몇 번 뵙지 못했는데 이런 호의를 받아도 될까 하는 마음이 들 정도다. 한 시간여 두 사람은 이런저런 얘기를 나누며 식사를 계속했다. 한결 마음이 풀린 한대표가 입을 연다.

"저, 교수님, 아까 말씀드린 것처럼 제가 내년 3월까지 이번 신규사업에 대한 전반적인 경영평가보고서를 작성해야 합니다. 물론 밑에 직원들이 만들어주는 보고서도 있지만, 저도 나름대로 무언가 확실한 기준을 세워야 할 것 같아서 자꾸 조급한 마음이 듭니다."

식사를 앞에 두고도 여전히 회사 일을 생각하는 한대표다.

"음, 성과평가라…. 그것도 중요하지만, 제대로 하기 위해선 여러 가지 이해가 필요해요. 천천히 얘기해봐요."

"네, 교수님. 저희 회사에서 가정용 정수기와 비데를 생산하고 판매하는 것은 아시죠? 생활수준이 높아지면서 정수기와 비데를 찾는 소비자가 많아졌습니다. 그렇지만 목돈을 내고 사기에는 부담스러운 가격의 제품이라 구매를 망설이는 일반소비자들이 많았습니다. 고객을 눈앞에 두고도 매출이 늘지 않아 고민을 하던 중에, 사내공모를 통해 한 직원이 비데와 정수기도 렌탈판매하자는 아이디어를 냈습니다. 어차피 생산과 판매, 그리고 A/S까지 저희가 하는데 관리를 하면서 사용료를 받을 수 있다는 것이 큰 메리트였습니다. 그 직원의 아이디어가 소위 대박이었습니다. 여러 부문이 합쳐 〈M-매직〉이라는 회사를 설립했습니다. 처음에는 모든 게 다 좋았지요. 현지 공장의 생산라인 가동도 문제없었고, 연이어 사후관리하는 파트에서도 인력을 충원하여 바로 사업을 시작했는데, 시작과 동시에 매출이 가히 기하급수적으로 늘어나는 아주 신명나는 사업이었습니다."

"아, 그렇구먼. 요즘은 집집마다 정수기와 비데도 많이 쓰니까. 역시 잠재적인 소비자를 끌어들이는 데는 최고의 아이디어였겠는데. 그래, 그 직원은 이후 어떻게 됐죠? 요즘은 정수기와 비데 리스 사업을 하는 회사가 몇 군데나 되는 것 같은데. TV에서 광고도 많이 하는 것으로 보아 경쟁도 치열할 것 같고."

"음, 그게 바로 제 문제의 시작입니다. 꽤 똑똑한 친구였는데 회사의 보상방법에 대해 불만이 컸던지, 그만 라이벌사로 이적을 했지 뭡니까. 그래서 승승장구하던 저희 M-매직도 크나큰 타격을 입었습니다."

"이런, 그래서 자네가 더 고민을 하는구먼."

"네, 맞습니다. M-매직은 정수기를 제조·판매하는 M-정수기와 비데를 제조·판매하는 M-클린비데 두 부문이 출자를 했습니다. 원래 정수기와 비데의 사후관리는 아웃소싱업체를 사용했는데, 이번 M-매직의 렌탈사업 때문에 관리부문도 기업 내부에 새로 설치했습니다."

"그럼 현재 한대표가 M-매직의 대표를 맡고 있는 건가요?"

"네, 그렇습니다."

"음, 우리 예전에 분권화●에 대해 토론했던 거 기억나나요?"

"아, 어렴풋이 기억이 납니다. 호텔경영을 예로 들어서 수업시간에 저희가 토론을 했던…."

"하하, 기억하고 있구먼. 다행이네. 성과평가를 하기 위해선 일단 기본적인 배경을 아는 게 좋지요. 분권화는 1920년대 이후 듀폰

● 분권화(decentralization, 分權化)란 경영관리에 있어 상식적인 사항은 가능한 한 각 담당자에게 위임하고 최고경영자는 예외적인 사항의 처리에만 전념하는 것을 말한다. 이에 따라 각 부문은 업무에 창의성을 발휘할 수 있으며 그 결과 사기가 진작되고 업무결정이 신속하게 이루어진다는 장점이 있다.

(Dupont)이나 제너럴일렉트릭(GE) 같은 대규모 기업이 발달하면서 나온 이론이지요. CEO 혼자서 관리를 못할 만큼 기업의 규모가 커지면서 그 모든 조직을 관리하기 위해선 믿을 만한 사람에게 권한과 책임을 이양하는 방법을 써야 했거든. 당시에는 아주 획기적인 이론이었지. 한대표는 분권화로 이룰 수 있는 게 뭐가 있다고 생각해요?"

"그야, 아무래도 신속한 의사결정이겠지요. 각 부문별로 의사결정을 하는 것이 빠를 테니까요. 그 외엔 잘…."

"그렇지요. 신속하게 현장중심의 의사결정을 하는 것이 가장 큰 장점이지요. 특히 요즘 같은 때에는 현장을 챙기는 것이 바로 '고객'을 챙기는 것이니까. 그 외에도 한대표 같은 차세대 경영자를 양성할 수 있다는 장점도 있지. 각 부문에서의 경험을 통해 시행착오도 겪고, 상황대처능력도 기르면서 각 수준에 맞는 검증된 CEO의 발굴이 가능하다는 점도 분권화의 장점이에요. 지금 한대표가 고민하듯이 M-매직에 대한 성과평가도 그 사람들이 조직에서 더 상위단계로 나갈 수 있는지 여부를 살펴보려는 이유도 있겠지요. 그러니 소속된 직원들에 대한 올바른 평가를 위해 질 좋은 정보를 찾으려는 것도 있고. 이런 것들이 다 분권화의 장점이라고 할 수 있죠."

"네, 저도 제대로 된 정보로 평가를 하고 싶습니다. 지난번처럼 훌륭한 인재를 빼앗기거나 하는 사태는 더 이상 없기를 바라고, 그래서 더 고민하고 있는 겁니다."

"그럼 우리 분권화의 장점을 좀더 생각해볼까요? 일단은 최고경영자들이 일상적인 문제해결에서 벗어나 회사의 장기적인 비전에 대해 골몰하는 시간이 많아질 것이고, 그 아래의 관리자들은 어떨까요? 자신이 맡고 있는 부문의 통제에 관한 의사결정권을 갖게 됨으로써 후에 훌륭한 상급관리자가 될 수 있는 토양이 된다고는 아까 얘기했고. 더 중요한 게 있는데 그건 바로 책임과 의사결정권의 증대는 관리자로 하여금 보다 큰 직무만족감을 갖게 한다는 거죠. 그들이 더 열심히 일에 정진할 수 있는 유인을 제공하는 것이고. 책임과 권한이 커지면 그에 따른 평가와 보상도 적절하게 유지해야 하는 것이 당연하지요. …그렇다면 분권화에는 문제가 없을까요? 일단 분권화는 상위계층의 관리자를 고민하게 만들죠."

"네?"

한대표는 무슨 이야기인가 싶어 유교수를 바라본다.

"어허, 이 사람. 자네도 자네 밑에 믿을 만하고 충실한 사람을 두고 싶은 것처럼, 최고경영자도 당연히 자신의 힘을 나눠줄 사람을 찾을 때 자네보다 훨씬 큰 고민을 하지 않겠나? 중세유럽을 한번 생각해보게. 왕이 있었고, 국토를 봉건영주들이 나누어 다스리지 않았나. 일종의 '계약'에 의한 주종관계였다네. 처음 왕에게 봉토를 하사받을 때 영주들은 충성을 맹세하지. 왕을 위해 죽을 것이라는 선서도 하고. 그런데 그들이 어디 끝까지 그렇던가? 어느새 힘이 강력해진 영주는 반란을 일으키기도 하고, 심지어 왕을 갈아치우는 등의 반역을 꾀한 일들이 역사책에도 많이 나오지 않았나. 경영도 비슷하다네. 자네는 미다스그룹 회장이 판단하기에 가장 믿을 만하고 충실한, 거기다 M-매직을 잘 이끌어갈 것 같은 대리인이네. 여기서 나오는 얘기가 대리인이론*이지. 처음 분권화 개념이 등장할 당시에는 아주 획기적인 생각이었지만, 어디 문제없는 제도가 흔한가. 계약에 의한 관계이다 보니 문제가 솔솔 발생하기 시작했지."

"아, 대리인의 배신 같은 것 말씀하시는 거지요? 아까 말씀드렸

---

* 대리인이론(agency theory)은 1976년 젠센과 맥클링에 의해 제기된 이론으로, 기업과 관련된 이해관계자들의 문제는 기업 내의 계약관계에 의해 이루어진다는 이론이다. 대리인관계는 한 사람 이상의 사람들이 정해진 범위 내에서 의사결정권을 자신들을 대신하는 다른 사람들에게 의뢰함으로써 이루어지는데, 이들 간에는 정보의 불균형, 감시의 불완전성 등으로 도덕적 해이나 무임승차의 문제, 역선택의 문제가 발생할 소지가 있어 이런 제반 문제점(대리인비용)을 극소화하기 위해서는 감시비용(monitoring cost)이 수반된다는 것이다. 현대의 기업은 대부분 소유와 경영이 분리되어 있어 이 대리인문제를 해결하기 위한 한 방편으로 보상과 평가 방법이 발달하기도 했다. 특히 기업의 소유주들은 어떻게 보상하고 평가해야 자신의 이해(이익 극대화, 기업가치 극대화 등)와 대리인의 이해관계가 상충되지 않고 신의성실을 약속한 대리인으로서의 본모습을 유지하도록 할 수 있을까 많은 고민을 한다. 이런 해결방법의 하나로 전문경영인에게 보상할 때 최소한의 고정급에 손익계산서상의 이익에 연계된 보상, 스톡옵션과 같은 단기·장기적 성과 극대화를 위한 보상장치들을 두고 있다.

다시피 저도 몇 차례 신임하던 부하직원이 경쟁사로 옮기는 바람에 낭패를 본 일이 있습니다."

옛 생각이 나는지 한대표가 눈살을 찌푸리며 입을 열었다.

"그렇지. 일단 대리인도 아주 합리적인 의사결정자거든. 그럼 주인의 이익과 자신의 이익이 상충되면 어떻게 할까? 인간인 이상 자신의 이익을 추구하려고 하는 게 당연한 것 아닌가."

"이해관계가 충돌될 만한 것이 그렇게 많을까요?"

"음, 대리인은 일단 주인보다 더 정확하고 많은 정보를 갖거든. 자네의 경우만 해도 그렇지. M-매직에 대해서라면 자네는 미다스그룹 회장님보다 훨씬 더 많은 정보를 갖고 있을 거야. 소위 정보의 불균형이지. 여기서 나타나는 폐해가 대리인으로 하여금 도덕적 해이*에 빠지게 하거나 역선택**을 하도록 만드는 거지. 그럼 이를 막기 위해 주인은 어떤 고민을 할까?"

---

* 도덕적 해이(moral hazard)란 정보가 불투명하고 불균형적이어서 주인이 대리인의 행동이나 결정에 대해 정확히 알 수 없을 때 대리인 쪽에서 발생한다. 원래는 보험시장과 중고차시장에서 나온 개념이다. 손해보험 가입자가 보험을 믿고 예방 노력을 소홀히 함으로써 결국은 손해 발생 가능성이 높아진다든가, 혹은 상사가 보지 않는다면 조금쯤 빈둥거려도 괜찮지 않을까 하는 샐러리맨의 유혹도 이에 속한다. 이러한 도덕적 해이는 도덕의 문제가 아니라 주인이 대리인의 행동을 관찰할 수 없기 때문에 일어나는 구조의 문제다.

** 역선택(adverse selection)은 주인과 대리인 사이에 존재하는 정보의 격차 때문에 생기는 문제로서 주인이라면 다른 선택을 했을 것을 대리인이 자기 위주로 의사결정을 내리는 문제를 말한다. 주주(주인)들은 신사업에 참여했으면 하는데도 대리인인 전문경영자는 현실에 안주하고자 하는 위험회피적인 선택을 하는 데서 그 예를 찾을 수 있다.

"진짜 믿을 만한 대리인을 찾으려고 하지 않을까요? 어떤 일이 있어도 자신에게 신의성실을 다할 사람. 뭐, 제가 말씀을 드리면서도 무슨 동화 같네요."

"한대표 말처럼 그런 사람도 물론 있지. 하지만 대리인의 존재는 꼭 필요하거든. 주인이 못하는 것을 대리인들이라도 해줘야 하니 말일세. 그래서 생각해낸 것이 일단 어떻게 보상을 해야 대리인과 자신의 이해관계가 맞아떨어질까 하는 점이야. 중세시대 봉건영주가 국왕 대신 전쟁에 나가서 승리하고 오면 전리품을 나눠주거나 봉토를 더 주거나 해서 영주에게도 보상을 했었지. 아주 넉넉하게. 물론 그렇지 않은 왕도 있었고, 그런 왕에게 불만을 키워 나중에 반란의 씨앗을 심기도 했지만 말야. 대리인관계도 같아. 미다스그룹 회장님이 원하는 것은 뭘까?"

"기업가치의 극대화 혹은 이익 극대화 정도 되겠지요?"

"그렇지. 그러니까 기업은 대리인들, 음…, 전문경영인을 생각하자고. 자네도 전문경영인이니까. 즉 기업은 전문경영인에게 어떻게 보상할 것인가를 고민하지. 인센티브나 스톡옵션(주식매입선택권) 같은 것을 주는 것도 보상의 방법이지."

"교수님, 요즘엔 스톡옵션을 받아도 제한이 많아서 그것이 보상처럼 느껴지지 않을 때가 많습니다."

"그렇지. 자네도 알지 않나. 몇 년 전에 엔론이나 월드콤 같은 굴지의 기업에서 도덕적 해이에 빠진 CEO들이 스톡옵션 행사를 위해 회계부정을 저질러 미국 경제, 아니 세계 경제에 큰 타격을 입혔던 일 말일세. 이후 그런 사태를 미연에 방지하기 위해 스톡옵션 행사에 여러 가지 제한을 두게 된 거지. 그렇지만 장기적 성과 극대화를 위해 스톡옵션은 꽤 좋은 보상도구라네."

"음, 지금 말씀하신 부분이 죄수의 딜레마* 같은데요. 일단 행동 대신 성과를 보고 그 성과에 따라 보상을 받는 그런 것 아닌가요?"

"그렇게 되나? 자네 말이 꼭 들어맞는 것 같지는 않지만, 대리인 이론에서 출발한 게임이론**이 있지. 그 제목이 뭐더라, 게임이론을 설명한 수학자의 삶을 영화화한 작품이 있었는데, 그게 제목이…."

---

* 죄수의 딜레마(prisoner's dilemma)는 두 공범자가 서로 협력해 범죄사실을 숨기면 증거 불충분으로 형량이 낮아지는 최선의 결과를 누릴 수 있음에도 불구하고, 상대방의 범죄사실을 밝히면 형량을 감해준다는 수사관의 유혹에 빠져 서로 상대방의 죄를 고변함으로써 둘 다 무거운 형량을 선고받게 되는 현상을 말한다.

** 게임이론(game theory)은 경쟁관계에 있는 개인 상호 간의 전략 선택에 따른 이해득실을 수학적으로 분석하는 의사결정이론을 말한다. 사람들은 자신의 선택이 상대의 이익이나 만족에 큰 영향을 미친다는 것을 알고 있다. 이런 사실을 서로 잘 알고 있기 때문에 서로 의존해야 할 상황이 되는데, 이것이 바로 게임이론의 대상이다. 예를 들어 하나의 제품시장에서 두 개 이상의 소수 기업이 경쟁하고 있는 상황을 과점이라고 부르는데, 과점기업의 싸움은 이러한 이론을 가장 잘 설명해준다. "다른 판매점보다 싸게 드립니다. 최저가격제"라고 광고하는 가전제품 판매점을 생각해보자. 이것은 '가격인하에는 가격인하로 대응하지만, 내가 먼저 가격을 인하하지 않는다'라는 의사표시를 담은 광고로 해석할 수 있다. 이런 의사표시를 통해 상대방이 가격을 인하하지 않도록 견제하면서 협조를 이끌어내는 방법을 사용하는 것이다.

"아, 〈뷰티플 마인드(2001)〉*요? 존 내쉬의 이야기를 다룬?"

"하하, 그렇지. 이젠 영화나 책을 봐도 제목을 기억하는 게 여간 힘든 게 아냐. 거기서 미모의 금발여성을 두고 친구들이 경쟁을 하지 않나. 그게 바로 죄수의 딜레마지. 공범 혐의가 있는 용의자를 붙잡아 따로따로 심문하다 한쪽만이라도 자백을 하면 자백한 자의 죄는 용서해주겠다는 분위기를 조성하는 거지. 이때 죄수들의 마음은 어떨까? 자기가 자백을 할까 말까 하는 것보다 상대방이 자백할지 모른다는 불안감 때문에 결과적으로 서로 묵비권을 행사하는 것보다 더 나쁜 상황을 초래하게 되지."

"그 영화를 보면서 서로 손해나는 짓을 막을 방법이 없을까 하는 생각을 했던 기억이 납니다. 저희 식으로 표현하면, 몰아주기 정도?"

"음, 서로 의사소통을 하게 하면 협조를 할 수 있을 것 같지. 그런데 현실은 별로 그렇지가 못하다네. 처음에야 서로 의논하면서

---

* 영화 〈뷰티플 마인드〉는 균형이론의 창시자 존 내쉬의 이야기를 다뤘다. 1940년대 최고의 엘리트들이 모인 프린스턴 대학원. 시험도 보지 않고 장학생으로 입학한 웨스트버지니아 출신의 한 천재가 캠퍼스를 술렁이게 만든다. 너무도 내성적이라 무뚝뚝해 보이고, 오만이라 할 정도로 자기확신에 차 있는 수학과 새내기 존 내쉬. 누구도 따라올 수 없는 뛰어난 두뇌와 수려한 용모를 지녔지만 괴짜천재인 그는 기숙사 유리창을 노트 삼아 단 하나의 문제에 매달린다. 어느 날 짓궂은 친구들과 함께 들른 술집에서 금발 미녀를 둘러싸고 벌이는 친구들 간의 경쟁을 지켜보던 존 내쉬는 섬광 같은 직관으로 균형이론의 단서를 발견한다. 1949년 27쪽짜리 논문을 발표한 스무 살의 청년 존 내쉬는 하루아침에 학계의 스타로, 제2의 아인슈타인으로 떠오르지만 그의 인생역정은 순탄과는 전혀 다른 방향으로 흐른다.

협조할 것 같은 자세를 보이지. 그러다가 누군가가 이런 생각을 해. '나만 협조하고 저 친구가 배신을 하면 결국 내가 손해 아닐까?' 서로 이런 생각을 하게 되면 절대로 그 딜레마에서 빠져나갈 수가 없다네. 그나마 서로의 협조를 확실하게 묶어줄 구속력 있는 약속이나 협정 같은 걸 맺는다면 조금 달라지려나?"

교수, 성과평가의 주춧돌을 세우다!

영화라는 친숙한 소재로 이야기를 나누다 보니 두 사람의 분위기는 한결 화기애애해졌다. 그렇지만 한대표는 여전히 문제해결에 다가서지 못하고 있는 것 같아 마음이 조급해진다.

"음, 그래서 기업들이 성과주의를 채택하는 건가요? 대리인들이 일을 더 잘하게끔 적절한 보상을 하려고?"

벌써 수저를 내려놓은 한대표와 달리 유교수의 젓가락질은 상위의 반찬들을 춤추듯이 오가며 여유롭기 그지없다.

"음, 그렇다고 볼 수 있지. 생각해보게. 자네 같은 전문경영인들에게는 스톡옵션을, 그리고 더 많은 종업원들에게는 종업원지주제나 이익분배 등을 통해 주인의 이익과 대리인의 이익이 상충되지 않도록, 주인의 이익이 종업원의 이익이 되도록 하는 여러 가지 제도를 만들어두고 있지 않나."

"그럼 책임회계제도*는 어떻게 받아들여야 합니까?"

"분권화된 조직에서 꽤 효과적으로 사용되는 도구지. 특정 비용이나 수익의 발생에 대해 누가 책임을 질 것인지를 명확히 규정하고, 그 책임자로 하여금 비용과 수익을 관리하게 하는 방식으로 사용하면 각 부문의 대리인들은 자신이 맡고 있는 사업에 최적화된 시스템을 적용하겠지. 새로운 개념이라고 하기는 그렇지만, 통제나 효율적인 운영방식에 대한 관리자들의 관심이 늘어남에 따라 더 부각되는 것 같아요. 어느 관리자건 효율적인 통제를 원하니까. 자, 그럼 한대표 회사에서는 어떻게 시행하는지 들어볼까?"

"그럼 간략하게 저희 조직도를 그려보겠습니다."

한대표가 벗어놓은 저고리에서 수첩과 펜을 꺼내 교수 앞에 펼쳐두고, 간단하게 그림을 그리며 설명한다.

"M-매직을 책임지고 있는 저를 비롯해서, 이사 직책을 맡고 있는 사람이 넷입니다. 그리고 그 밑으로 정수기렌탈부문과 비데렌탈부문, 관리서비스부문으로 해서 각 부문장들이 있습니다…."

"그럼 한대표를 예로 들면 회계보고는 어떻게 진행되나?"

- 책임회계(responsibility accounting)는 조직이란 단지 공통의 목표를 위해 일하는 개인들의 집단이라는 개념에 그 중심을 두고, 개인의 임무수행에 있어 보다 더 많은 협조를 받을수록 조직이 정해놓은 목표에 도달할 가능성이 더 높다는 것을 전제로 한다. 책임회계제도는 조직에서 비용이나 수익에 대한 통제권한을 가진 각 개인을 그의 관리기능에 대한 책임과 권한이 명확히 규정되고 성과가 측정되며 그 결과 또한 조직 상부에 보고되는 분리된 책임중심점으로 인식하는 제도를 말한다.

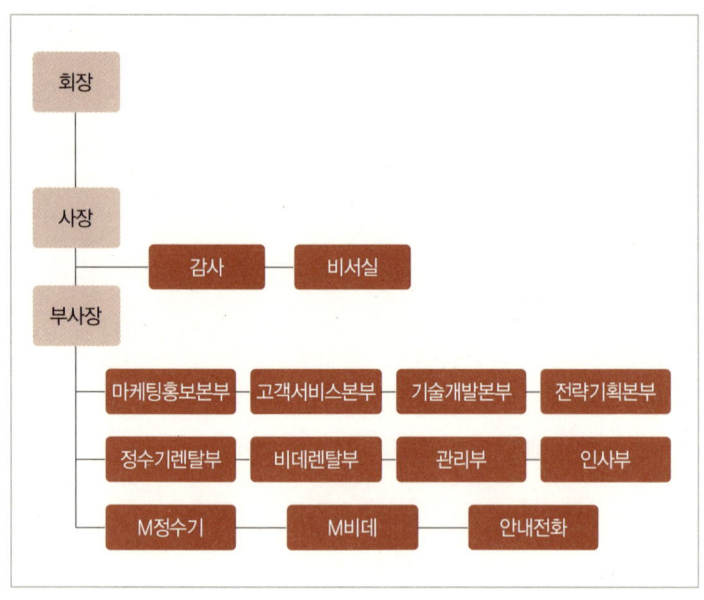

"제게 오기까지 한 서너 단계의 절차가 있습니다. 일단 각 부서 담당과장이, 그 다음은 부문장이 결재한 것들이 담당이사에게 올라오고, 그들이 제게 보고서를, 그리고 최종적으로 분기별로 회장님께 제가 보고하는 형식입니다."

"그렇구먼. 최종책임을 져야 하는 입장에서 어깨가 아주 무겁겠어."

"네, 대부분의 회사가 비슷하겠지만, 책임관계만 살펴본다면 가장 기본적인 책임을 지는 자가 담당과장이고, 그 위에 부문장, 그리고 최종책임을 제가 지지요."

▼ **책임회계제도를 기반으로 하는 보고서의 내용**

> ① 사장이 받는 보고서 : 사장이 받는 성과보고서는 회사 전체에 대한 자료가 요약된다. 차이에 대한 정보가 제공되기 때문에 사장 자신이나 부하의 시간이 어디에 집중되어야 하는지 결정하려면 차이를 조직에 따라 추적하면 된다.
> ② 담당이사 : 각 부서의 성과가 요약되어 담당이사에게 제공된다. 담당이사에게 보고된 자료들이 요약되어 상위단계의 책임자에게 전해진다.
> ③ 부문담당자 : 각 과장들의 성과가 요약되어 각 부장들에게 제공된다. 이는 다시 부서별로 요약되어 상위단계 책임자(담당이사)에게 전해진다.
> ④ 담당과장 : 각 과장들은 담당과의 성과보고서를 받는다. 이 성과보고서들은 다시 요약되어 상위단계 책임자(부장/부문장)에게 전해진다.

"음, 이 보고체계에 따라 성과보고서도 같이 올라가겠지. 각 부문의 관리자는 성과에 대해서뿐 아니라 자기 밑의 관리자들에 대한 성과보고까지 받는 셈이니까."

"저희가 성과보고까지 하는 셈이었군요."

"그렇다네. 이 보고서 안에서는 정보의 흐름까지 볼 수 있지. 자, 생각해보게. 보고를 하는 제일 낮은 수준의 담당과장은 그야말로 우리가 흔히 보는 성과보고서와 비슷한 보고를 한다네. 그들의 보고서에서는 재료 · 노무 · 제조간접비들의 예산과 실적, 그리고 차이에 대한 자료를 볼 수 있지. 이 보고서에 포함된 정보가 상세한 다른 분석들과 함께 더해져 윗사람에게 가겠지. 그럼 그 다음 단계를 생각해보게. 일단 그 업무를 완결하는 부서니까, 부서장은 부서 내의 각 작업부문으로부터 요약된 자료를 받겠지. 만약 보고서에 어떤 차이가 나타난 것이 보인다면 당연히 원인을 알고 싶을 것이고, 그 경우 상세하고 개별적인 부문 성과보고서를 참조하겠지. 그 다음으로 부문별 활동에 대한 책임을 지는 자리에 앉아 있는 이사들은 앞서의 완결부서에 대한 성과보고서상 요약된 총액과 다른 부서의 성과보고서에 요약된 총액 등을 보고받을 걸세. 물론 요약된 총액만이 아니라 각 부서별 세부적인 성과보고와 부서 내의 각 작업별 성과보고도 함께. 이렇게 여러 보고서를 참조함으로써 담당이사는 원가를 통제할 수 있는 핵심적인 문제에 가장 쉽게 접근할 수 있게 되는 것이지. 그럼 M-매직의 CEO인 자네가 받는 보고서는 어떨까?"

"저는 모든 책임자들에 대한 세부사항을 받습니다."

"그렇긴 하네만, 회사의 CEO는 모든 비용과 수익에 대해 궁극적인 책임을 지는 사람이지. 당연히 자네가 받는 성과보고서에는 회사의 모든 활동분야가 망라되어 있어야 하는 거네. 물론 세부적인 것들을 요구할 수도 있겠지. 아니면 보다 전반적인 결과에만 관심을 쏟고 다른 부분은 다른 책임자들에게 맡길 수도 있고. 자네 회사는 어떤가?"

"저희는 전반적인 사항들은 각 부문별 책임자에게 권한이 위임

되어 있는 형태입니다. 아무래도 현장중심의 업종이라 그런 것 같습니다. 그러고 보니, 저희는 분권화가 아주 잘된 조직이네요."

"어허, 이 사람. 벌써 속단하면 안 돼지. 책임회계도 맹점이 있다네. 대리인문제랑 비슷하다고 봐야 하나? 잘못하면 부서이기주의를 조장할 가능성이 크지. 자신이 맡은 부분에서만 잘하면 되니까. 게다가 직원들, 편하게 대리인이라고 하세. 그들은 자신의 성과를 포장하기 위해 처음부터 헐렁한 목표를 제시할 가능성이 크지. 목표에 도달하지 못하는 것보다 초과달성을 하는 사람이 훨씬 능력 있어 보이지 않겠나. 이를 막기 위해 여러 가지 보상시스템들이 개발되었지. 이를테면 보상을 할 때, 자신이 속한 부서의 평가와 관련부서의 평가를 합해 그 실적으로 인센티브를 지급한다거나, 실적과 목표 두 가지를 아울러 인센티브를 지급하는 소비에트 인센티브시스템(soviet incentive system) 같은 것 말일세."

"정말 뛰는 놈 위에 나는 놈 있군요. 어떤 제도건 처음에는 아주 완벽하게 출발하는 것 같은데 그걸 악용할 우려가 이렇게도 많다니."

"하하, 그래서 우리 인류가 발전하는 것일지도. 자꾸 새로운 생각들을 하게 하거든. 꼬리에 꼬리를 무는 발전이라고 할까? 자, 그럼 우리 성과평가 얘기를 더 해볼까?"

"네, 교수님. 좀 어지럽긴 하지만 희미한 그림이 보이는 것도 같습니다."

유교수가 상 위에 놓인 수정과로 목을 축이며 설명을 계속했다.

"특정 부문 관리자의 성과평가를 하는 데는 공헌이익 손익계산서만한 것도 없지. 일단 공헌이익은 판매액에서 변동비를 뺀 금액이지 않나. 그런데 이 안에 단기적 성과평가를 할 수 있는 방법이 있다네. 공헌이익에서 단기적 재량원가, 이를테면 광고비나 파트타임직원의 임금 같은 것들을 제하면 그 안에서 부문공헌이익을 구할 수 있네. 이것이 바로 부문관리자의 단기적 성과평가를 볼 수 있는 지표지. 물론 1년 이내라는 짧은 기간이 전제되지만. 자네가 지금 사용할 수 있는 것은 이 정도가 아닐까? 좀더 시간이 있다면 이 부문공헌이익에서 장기적 재량원가까지 공제해서 부문이익을 구할 수도 있겠지. 이렇게 나오는 부문이익이 바로 장기적 성과를 평가할 수 있는 지표가 된다네."

"교수님, 그럼 장기적 재량원가라는 것이 R&D비용 같은 것을 의미하는 겁니까?"

"그렇지. R&D비용이나 기술차입에 대한 특허료도 포함되지. 자네 회사의 정수기, 그 뭐더라 이온방식을 쓴다는. 광고에서 보니 '스위스 어느 회사와 기술제휴' 같은 문구를 쓰던데. 그런 걸 생각하면 되겠지. 이 외에도 다른 시각으로 평가를 할 수도 있지. 분권화된 조직일수록 책임회계제도는 책임중심점을 기준으로 설계되지 않겠나. 이 책임중심점 안에도 특정 책임영역을 의미하는 조직도가 그려진다네. 한대표, 내게도 종이랑 펜을 좀 빌려주게. 나도 그림으로 설명하는 것이 빠를 것 같으니."

한대표가 종이와 펜을 건네자, 교수는 쓱싹쓱싹 도형 몇 개를 그리더니 앞으로 내민다.

"여기 보게. 아까도 잠시 얘기했던 책임중심점이란 조직 내에서 발생하는 비용, 수익창출, 투자재원의 사용 등에 대한 통제가 이루어지는 곳을 의미하지. 단계별로 각 개인이 될 수도 있고 혹은 부문 아니면 회사 전체를 의미하기도 해. 이 안에 특정 영역들의 조직이 있는 거지. 비용중심점*, 수익중심점**, 이익중심점***, 그리고 투자중심점****이라고 하는 거지. 사실 이 모든 것들이 관리자

---

* 비용중심점(cost center)은 비용발생에 대해서만 통제하는 중심점이다. 다른 부분엔 전혀 신경을 쓰지 않으며 여기서는 비용절감 및 원가의 극소화를 주된 목표로 삼는다. 비용중심점은 설정된 표준원가를 얼마나 잘 지켰나를 나타내주는 성과보고서를 통해 평가된다.

** 수익중심점(revence center)은 수익과 비용의 대응관계를 고려하지 않고 수익발생에 대해서만 통제한다.

*** 이익중심점(profit center)은 비용과 수익 모두에 대한 통제를 한다. 비용중심점과 마찬가지로 투자재원의 사용에 대해서는 통제하지 않지만, 수익 및 비용 목표를 기준으로 한 공헌이익 손익계산서를 통해 평가된다.

**** 투자중심점(investment center)은 비용 및 수익뿐 아니라 투자재원의 사용에 대한 통제도 행하는 책임중심점이다. 투자중심점도 공헌이익 손익계산서로 평가되지만, 일반적으로 투자된 자금으로부터 얻어진 투자수익률을 가지고 평가된다.

▼ 책임중심점(Responsibilify contents)

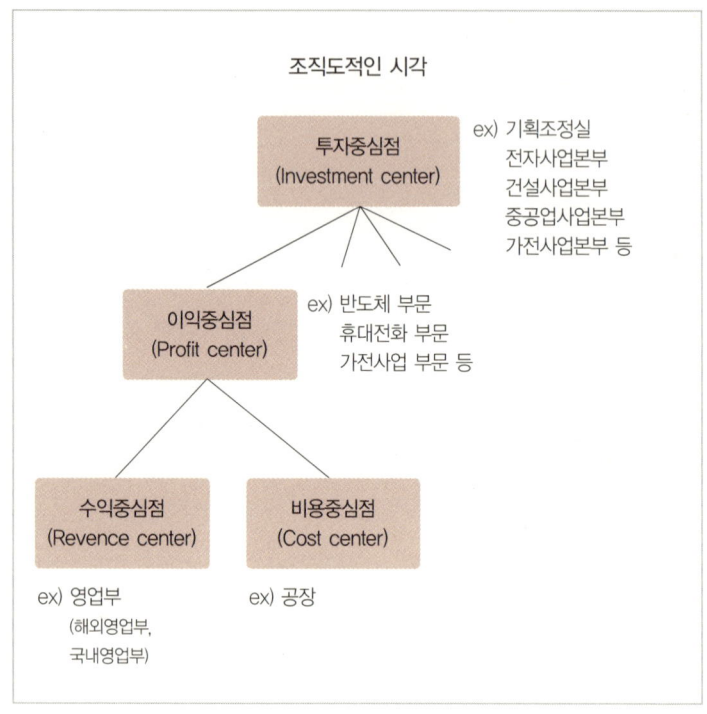

의 책임영역을 설정하고, 그들의 경영성과가 어떻게 평가되는지 결정하는 데 핵심적인 도움을 주는 요소가 된다네. 자, 그럼 이제 자네의 문제로 돌아가볼까?"

한대표가 어리둥절한 표정을 짓자, 교수가 유쾌하게 웃으며 주의를 환기시킨다.

"제대로 된 성과평가를 해서 다시는 훌륭한 인재를 빼앗기고 싶지 않다고 했지?"

"아, 네."

갑자기 너무 많은 개념들을 정리하느라 복잡해진 마음을 추스르는 데 시간이 좀 걸리는 모양이다. 생각이 많아 보이는 한대표를 보며 교수가 차를 권한다.

"아, 미안하네. 내가 회계 얘기를 하다 보면 종종 시간을 까먹는다네. 집사람한테도 매번 조심하라는 얘기를 듣지만, 그게 잘 안 돼서 말이지. 이런 참, 자네 시간은 괜찮은가?"

"네, 교수님. 저는 오늘 교수님께 단단히 배워야겠다고 결심하고 나왔기 때문에 괜찮습니다. 오히려 제가 폐가 될까 걱정이지요. 교수님, 여기 과일 좀 드십시오."

"하하, 고맙네. 오늘은 자네와 색다른 얘기들을 하게 되는구먼."

교수, 투자중심점에서 EVA를 외치다!

두 사람이 나란히 사과와 배로 입가심을 하고 나서 유교수의 설명이 이어졌다.

"분권화가 잘 이루어진 조직일수록 관리자들은 꽤 큰 자율영역들을 갖고 있지. 어떤 경우는 각 영역들이 별개의 사업체처럼 보이는 경우도 여럿 있다네. 그런 경우 관리자들은 마치 독립적인 회사를 운영하는 것처럼 보이기도 하지. 이때 관리자들은 자신이 담당한 부문의 실적이 최고이기를 바라며 경쟁하는 거지. 이런 경쟁은 새로운 제품라인이나 생산라인을 확보할 때 더 치열해지지. 그럼 최고경영진의 생각은 어떨 것 같은가?"

"음, 아마도 새로운 투자자본이 생기거나 했을 때, 어느 부분에 투자해야 가장 효율적일까 하는 문제들을 고민하지 않을까 싶은데요."

"그래, 바로 그거야. 투자자금이 생겼을 때 최고경영진은 이것을 누구에게 배분할까, 혹은 이미 각 투자중심점의 관리 하에 맡겨진 자금을 어느 투자중심점이 가장 수익성 있게 사용했나 하는 것을 살펴보지. 이를 알기 위해 투자수익률*을 산출하는 것이기도 하고."

"ROI를 말씀하시는 거지요?"

"그렇다네. 물론 투자중심점을 평가할 때는 이 ROI말고도 잔여이익**이라는 것도 있고, 경제적 부가가치(EVA)라는 함수도 있네만, 일단 ROI를 보자고. 구하는 공식은 아주 쉽지. 순이익을 총투하자산으로 나누면 바로 나오지. 다만 투하자산인 자본비용의 값은 늘 ROI보다 적어야겠지만."

> 투자수익률 = 매출이익률 × 자산회전율
> = 순이익/총투하자산
> = (순영업이익/매출) × (매출/평균영업자산)

• 투자수익률(Return On Investment : ROI)은 가장 널리 사용되는 경영성과 측정기준 중 하나로, 기업의 순이익을 투자액으로 나누어 구한다. 이는 원래 미국의 화학회사 듀퐁에 의해 사업부의 업적을 평가하고 관리하기 위해 사용되어, 투자수익률 분석이라는 내부통제기법으로 개발되었다. 이 분석은 투자수익률이 경영성과의 종합척도가 된다는 관점에서 투자수익률을 결정하는 요인을 수익성과 회전율로 분해한 다음 각 결정요인의 세부항목에 대한 관리를 통해 궁극적으로는 회사의 경영성과를 계획·통제하는 것을 목적으로 한다. 그러나 최근에는 이 분석이 기업 전체 경영성과의 계획, 내부통제, 자원배분 결정, 이익 예측, 채권자 및 투자자에 의한 기업 경영성과의 평가 등 여러 가지 목적에 사용되고 있다.

•• 잔여이익(Residual Income : RI)은 투자중심점이 사용하는 영업자산으로부터 그 중심점이 획득해야 하는 최저의 필수수익률을 초과하는 순영업이익을 의미한다.

"말씀하신 대로, ROI만으로 성과평가를 하기엔 문제가 있지 않습니까? 무턱대고 ROI만 믿고 신규사업에 투자할 수는 없는 경우가 비일비재한데요."

"한대표 말이 맞아요. 그 좋을 줄 알았던 ROI에도 한계가 있었던 거지. 일단 ROI는 장기수익성보다 단기성과를 강조하는 경향이 높지. 현 수준의 ROI를 유지하려고 관리자가 좋은 투자기회를 버리기도 하고. 투자중심점의 관리자는 회사 전체의 필수수익률보다 훨씬 높은 수익률을 제공하는 투자안이라도, 지금 유지하고 있는 자기 부서의 ROI보다 낮으면 이를 거부하는 경우가 생기지. 회사 자금의 최적화로 운영되는 것이 아니라 준최적화*를 달성하는 것이 된다네. 뿐만 아니라 기본 고정비의 존재 때문에 부문관리자가 완전히 통제할 수 없는 수치가 바로 이 ROI거든. 이것은 관리자 자신의 성과와 투자부서로서의 부문성과를 서로 구분하기 어렵게 만들지. 자본예산 분석기법으로 하는 성과평가와 상충되는 부분도 있고. 이래저래 그 유명한 ROI도 불완전한 수치라는 걸 드러낸 셈이지."

"그렇다면 RI(잔여이익)로 성과평가를 보완하는 방법은 어떨까요?"

---

* 준최적화(suboptimization)란 개별중심점의 입장에서는 최적의 의사결정이지만, 조직 전체의 관점에서는 최적이 아닌 경우를 의미한다.

"음, RI를 사용하는 이유는 투자중심점의 관리자가 ROI를 극대화하려고 하는 것이 아니라 기업 전체의 이익 극대화를 위해 노력하도록 동기를 부여하려는 것이지. 그럼 RI를 구해볼까?"

> 잔여이익(RI) = 해당 투자중심점의 이익 − (총투하자산 × 자본비용)
> RI > 0 …… 자본비용을 상회하는 ROI 달성
> RI < 0 …… 자본비용을 하회하는 ROI 달성

종이 위에 공식을 쓴 유교수가 또 다른 표를 만든다.

	비데	정수기
매출	3,000,000	9,000,000
순영업이익	210,000	720,000
평균영업자산	1,000,000	4,000,000
최저 필수수익률 (15%로 가정)	150,000 (평균영업자산×15%)	600,000

"앞에서 말했던 것처럼 투자중심점의 목표는 영업자산으로부터 수익률을 극대화하는 것을 전제로 하네. 투자중심점의 성과평가에 많이 사용되는 또 다른 방법이 있는데, 바로 잔여이익 개념에 초점을 맞춘 방법이 있다네. 알다시피 투자중심점이 획득해야 하는 최저 필수수익률을 초과하는 순영업이익을 구하는 거지. 성과평가를 위해 이 잔여이익 개념을 이용한다면 이때는 ROI 수치 최대화가 목표가 아니라 잔여이익 금액을 높이는 데 누가 얼마나 애

를 썼나를 기준으로 하면 되지. 자, 그럼 저 자료를 가지고 ROI와 RI를 구해보겠나?"

"음, 일단 ROI를 먼저 계산해보겠습니다. 지금 주어진 자료에서 알 수 있는 것이 매출과 순영업이익, 평균영업자산, 이 세 가지니까 일단 비데부문은 21퍼센트[(순영업이익 21만 원/매출 300만 원)×(매출 300만 원/평균영업자산 100만 원)]가 나오고, 같은 방식으로 정수기부문은 18퍼센트가 나옵니다. 다시 RI를 계산해보면 비데는 6만 원[투자중심점의 이익-(총투하자산×자본비용) = 21만 원-15만 원]이고, 정수기 쪽은 12만 원(72만 원-60만 원)입니다. RI는 정수기부문이 훨씬 높은데요. 당연히 성과평가가 더 높겠고요. RI만을 기준으로 평가한다면 말입니다."

"맞네. 이렇게 관리자의 성과는 RI가 매년 얼마나 커졌나 작아

	비데	정수기
ROI	21%	18%
RI	60,000	120,000

졌나를 보고 평가한다네. RI가 클수록 그 담당관리자의 평가도 높은 등급을 받게 되는 거지."

"교수님, 그런데 RI만 가지고 성과평과를 하기에는 문제가 있지 않습니까?"

"하하, 눈치가 빨라졌구먼. 물론 RI도 한계가 있지. 맞네. 저 자료를 보자면, 정수기부문의 RI가 크게 나오지. 그렇다고 정수기부문의 경영성과가 좋다고 말할 수는 없다네. RI는 규모가 다른 성과를 비교하는 데 적합하지 않거든. 규모가 큰 부문이 대부분 성과가 좋아 보이니 말이야."

"아!"

"다시 말해 각기 다른 규모의 투자중심점들과 직접적으로 성과를 비교할 수 없다는 거지. 동일한 ROI를 달성하는 두 투자중심점이 존재하는 경우, 규모가 큰 투자중심점의 RI는 자동적으로 크게 나오거든. 규모가 큰 투자중심점의 관리자가 경영을 더 잘했기 때문이 아니라, 단지 규모가 컸기 때문에 어부지리의 숫자를 얻는 것 뿐이라네."

한대표는 머릿속이 점점 더 복잡해지는 것을 느끼며, 그저 교수의 얼굴만 바라볼 뿐이다. 현재 M-매직의 비데렌탈부문과 정수기렌탈부문의 ROI는 거의 비슷하지만, 지금처럼 정수기렌탈률이 높은 상황을 볼 때 그쪽이 유리해서, 정수기렌탈부문의 RI는 훨씬 더 크게 나온다. 정수기시장이 더 커서 생기는 자연적인 부분인데, 그쪽에 힘을 실어주자니 바닥부터 시작한 비데부문이 마음에 걸린다. 아는 것이 많아질수록 고민이 더 커지는 한대표다.

유교수와 한대표가 윤가다헌에서 얘기를 나눈 것이 벌써 세 시간여를 지나고 있다. 두 사람 앞에 다가온 종업원이 저녁식사 준비를 위해 잠시 폐점해야 한다고 조용히 알린다. 그리고 보니 요즘 이런 영업을 하는 집들이 꽤 많다. 하루 종일 여는 식당도 있지만, 더 나은 고객서비스를 이유로 점심과 저녁 시간에 브레이크타임을 갖는 곳도 많이 늘었다. 이는 서비스의 질을 생각하고 자신의 기호와 취향에 맞는 서비스를 원하는 고객이 많아진 데다, 현장의 반응을 중요시하는 경영방침 때문일 것이다.

이 같은 변화로 인해 관리회계가 더 주목받게 된 것이기도 하다. 환경변화에 민첩하게 반응하고, 고객을 중시하며, 그 재화와 서비스의 질을 중요시하는 현대경영의 조류는 관리자들로 하여금 분권화와 성과보상에 대한 더 많은 책임을 안겨주었다.

생각보다 꽤 시간이 흐른 것을 알아챈 교수가 걱정스런 눈빛으로 한대표를 바라본다.

"이런이런, 한대표. 진짜 시간이 많이 흘렀는데 자네 괜찮겠나?"

"전 괜찮습니다. 교수님이야말로 저 때문에 귀한 시간을 뺏기셔서…."

"아니, 나야 뭐 자유인 아닌가? 게다가 방학이라 요즘에 수업도 없다고. 자네랑 얘기를 나누는 건 내가 더 반갑다니까. 집에서 내가 이런 이야기를 하면 우리 집사람이 아주 질색을 하거든. 지난해에 같이 회계공부를 했는데, 한동안은 재미있어 하더니 요즘은 손익계산 같은 얘기만 나와도 끔찍하게 싫어한다네. 요즘처럼 바쁜 때 자네를 잡고 있는 것 같아서 미안한걸. 정말 시간이 괜찮다면 괘념치 말고, 우리 자리를 옮겨서 성과평가의 다른 것들을 좀더 알아보는 것은 어떤가. 내가 빼먹은 얘기들이 있어서 그냥 가기가 영 그렇구먼."

"하하, 교수님. 저야말로 영광입니다. 그럼 가시지요. 이 부근에 아주 좋은 차를 파는 찻집이 있습니다. 말씀도 많이 하셨는데, 따끈한 생강차를 드시면 좀 괜찮아지실 겁니다."

"다행이구먼. 그럼 얼른 가세. 시간을 지체하면 내가 똑같은 얘기를 또 할지 몰라. 요즘은 가끔씩 깜빡깜빡하거든."

유교수와 한대표가 윤가다헌 부근의 〈다향〉이라는 찻집에 들어선다. 간판 그대로 다향(茶香)이 아주 은은한 집이다. 둘은 생강차와 국화차를 주문하고 마주 앉았다.

"한대표, 자네 EVA라는 말 들어봤을 테지? 우리말로 풀어쓰면 경제적 부가가치*라고 하는."

"네, 선진국에서 경영자의 업적을 평가할 때 많이 사용하는 기법 중의 하나라고 알고 있습니다."

"하하, 맞아. 사실 기업에서 가장 중요한 건 뭔가. 사람도 혈액

순환이 중요하듯이 기업에서도 현금흐름이 아주 중요하지. 흑자 도산이 왜 생기겠나? 거의 현금흐름에 문제가 생겨서 그렇지. EVA는 현금중시(기업의 진정한 수익력은 순현금을 창출하는 능력), 영업중시(기업의 수익은 비영업적인 재무활동이나 자산투자가 아닌 영업활동에서 발생한다는 관점), 주주이익(투자자가 요구하는 최소한의 수익을 넘어서는 성과를 거둘 때 기업의 영속적인 자본조달과 성장이 가능하다는 관점)을 중시한다는 세 가지 관점을 가지고 계산하는 것이지. EVA는 세후영업이익에서 자본비용을 뺀 값이니 비교적 간단하게 명확한 계산을 할 수 있지. 예전에 순이익은 금융권이나 외부에서 조달한 타인자본에 대한 자본비용만 감안했지 자기자본에 대한 자본비용은 고려하지 않았다네. 그런데 이 EVA는 주주가 주식을 취득하면서 투자한 자금에 대한 이자비용까지도 계산한다네. 이런 점을 보면 EVA야말로 기업이 진짜로 실현한 부가가치를 측정하는 지표라고 할 만하지 않은가."

• 경제적 부가가치(Economic Value Added : EVA)란 세후 영업이익에서 총투하자산에 대한 자본비용을 차감한 수치를 의미한다. EVA는 현금흐름의 현재가치에 의한 투자수익이 자본비용을 초과하는 크기의 합계로 계산된다. 이때 자본비용이란 주주·채권자 등 투자자가 제공한 자본에 대한 비용이며, 외부차입에 의한 타인자본비용과 주주 등 이해관계자가 제공한 자기자본비용의 가중평균값을 말한다. 1980년대 후반 미국에서 도입된 이 개념은 기업의 재무적 가치와 경영자의 업적을 평가하는 데 있어 순이익이나 경상이익보다 많이 활용되고 있다. 이는 또한 새로운 투자에 대한 사전검증은 물론 사후평가까지 할 수 있다는 점에서 기업의 투자나 경영성과를 보다 근본적으로 파악할 수 있는 유용한 판단기준을 제공하기도 한다.

"EVA는 자본을 투자한 투자자에게 그들이 제공한 자원이 어떤 수익을 창출하는지를 보여주는 것이로군요."

"그렇지. 간단하다고 하지만 이해가 쉬운 개념은 아닌데 바로 알아듣는구먼. 기본개념이 쉬운 것처럼 보이지만 사실 계산과정은 상당히 복잡하다네. 예를 한번 들어볼까. 자본비용이 10퍼센트이고, 12퍼센트의 수익률을 가진 투자기회가 있다고 생각하자고. 이 프로젝트가 1억 원의 투자를 필요로 한다면, 이 프로젝트의 EVA는 200만 원[1억 원×(12퍼센트-10퍼센트)]이 나온다네. 자네라면 이런 투자기회를 잡겠나, 아니면 버리겠나?"

"저라면 수락하겠습니다. 경영자는 경제적 부가가치를 가능한 한 증대시키는 데 필요한 모든 조치를 취하는 것이 의무 아니겠습니까."

"하하, 맞네. 산출하는 것이 어렵기는 하지만 재무제표상 표시되는 당기순이익보다 현금흐름을 중시하는 경영자라면 당연한 선택이지. 자네야말로 준비된 경영자구먼, 그래."

"교수님, 별말씀을 다하십니다. 교수님 설명을 듣고 있으니, 지난해에 배웠던 것들도 약간씩 생각이 나고, 그때는 잘 이해하지 못하고 넘겼던 것들도 이제 조금 이해됩니다. 역시 뭐든 한 번에 되는 것은 거의 없는 모양입니다. 연습하고 경험을 쌓는 게 필요한 것 같네요. 인생이든, 비즈니스든 간에요."

"허허, 짧은 시간에 인생공부까지 한 모양이로군. 그렇지만 한 가지 기억해야 하네. EVA도 한계가 있어. 매기간 계산되는 것이라 경영자로 하여금 너무 단기성과에 매달리게 하는 폐단을 낳을 수 있지. 특히 고용된 CEO라면 성과를 내는 게 더 중요하겠지. 자네도 매년 평가를 받을 것 아닌가. 그러니 자신도 모르게 자신의 성과를 위해 연구개발비나 직원들의 교육훈련비를 줄이는 그런 경영자가 되기도 하고."

"그래도 임직원의 보수나 성과금 등을 결정할 때 EVA를 기준으로 한다면 공정해질 것 같은데요. 특히 대리인문제 같은 것도 생길 일이 없을 것 같고요. 계산이 복잡하더라도 저희 M-매직에서도 EVA 측정지표를 사용해서 성과평가를 해야겠습니다."

"좋은 생각이네. EVA를 사용하면 경영자의 보수를 주주와 같은 입장에서 결정할 수 있지. 주주가 경영을 전문경영인에게 위탁하면 경영자는 주주의 이익보다 자신의 이익을 우선시하려는 유혹에 빠질 수 있는데, EVA 성과지표는 주주와 경영자의 이해관계를 일치시키는 효과를 가져오지. 여기다 스톡옵션제를 연계시키면 그야말로 더 확실한 효과를 볼 수 있네."

교수, 경영관리의 퍼펙트골드를 쏘다!

매서운 겨울바람에 깔깔해진 목이 뜨끈한 생강차를 한 모금 마시자 녹신하게 풀어지는 느낌이다. 전신으로 따뜻한 기운이 퍼진다. 한결 기운이 난 유교수가 설명을 계속했다.

"그래도 자네가 잊지 말아야 할 것이 있다네. EVA도 만능이 아니거든. EVA는 단순하게 재무상태를 정확하게 보여주는 것이지 고객만족도나 내부평가, 성장성에 대해서는 보여주지 않는다는 걸 염두에 둬야 하네. 그래서 이를 더 발전시킨 평가방법이 또 나왔지 않나. 균형성과평가제도˙ 말이야. 물론 이것도 완전한 것이 아니니 좀더 발전된 평가방법이 장차 더 나오겠지만."

"저도 균형성과평가제도(BSC)에 대해서는 들은 것이 좀 있습니다. 그동안의 성과평가가 너무 재무적인 측면에만 치우쳐 있었다는 반성에서, 보다 여러 측면에서 평가할 수 있게 만들어진 경영도구라는 정도는요. 그렇지만 사실 조금 절망하고 있었거든요. 균형

성과평가라는 방식이 있다는 얘기를 듣고 책을 찾아 읽기는 했지만, 그게 잘 이해가 안 돼서 더 여쭐 생각이었습니다."

"역시 경영자로구먼. 자네 말이 맞네. ROI의 단점을 보완한 EVA도 그저 재무적 측정치에 근거하는 것이라 여전히 현재와 미래의 경영성과나 기업가치를 나타내는 데 한계가 있었어. 요즘 무슨 TV 광고에서도 나오던데, 역시 '기업의 중심은 사람'이 아닌가. 사람들이 모여 만든 것이 기업인데, 매일 과거만 보고 살 수 있나. 당연히 현재와 미래도 중요하지. 그리고 사람들이 모인 조직인데, 혼자서 걷는 길보다 함께 걷는 길이 훨씬 더 소중하고, 오래 걸을 수 있는 것 아닌가. 그래서 나온 것이 바로 이 균형성과표네."

"네, 저도 하버드대학과 무슨 컨설팅회사가 합자해서 만든 것이라는 기억도 납니다. 역시 학문과 실무가 합쳐져 멋진 시너지를 만

• 균형성과평가제도(Balance Score Card ; BSC)는 기업의 성장과 유지는 물론 사업단위에 맞는 새로운 목표를 설정할 수 있는 도구다. 사후 결과 중심의 재무지표를 통해 조직을 운영해왔던 기업들은 다양한 관점의 균형 잡힌 성과지표를 통해 조직을 전략적으로 관리해나갈 수 있는 전략적 경영관리도구에 주목하고 있다. BSC가 특히 과거의 성과뿐만 아니라 미래의 성과를 예상할 수 있는 비재무적 지표를 관리함으로써 지속적인 성장을 도모할 수 있다는 장점 때문에 상당한 기업들은 이미 도입했거나, 도입을 계획하고 있다. 성과평가란 조직의 목표와 계획을 수립하기 위한 수단이 되며, 기업 내 책임단위별로 계획과 실적을 계량적 혹은 재무적으로 대응하는 것이다. 이는 직원의 업적을 평가하기 위해 모든 정보를 이용하는 것이기도 하다. 단순히 업적을 평가하여 보상만 차별화하는 개념에서 탈피해 직원의 업무에 대한 목표나 역할을 분명하게 하고 있다. 이런 평가시스템이 도입되면서 새로운 환경에 맞는 새로운 지식의 습득이 요구되었고, '평생학습'이라는 개념이 생활 속으로 파고들었다.

▼ 균형성과표

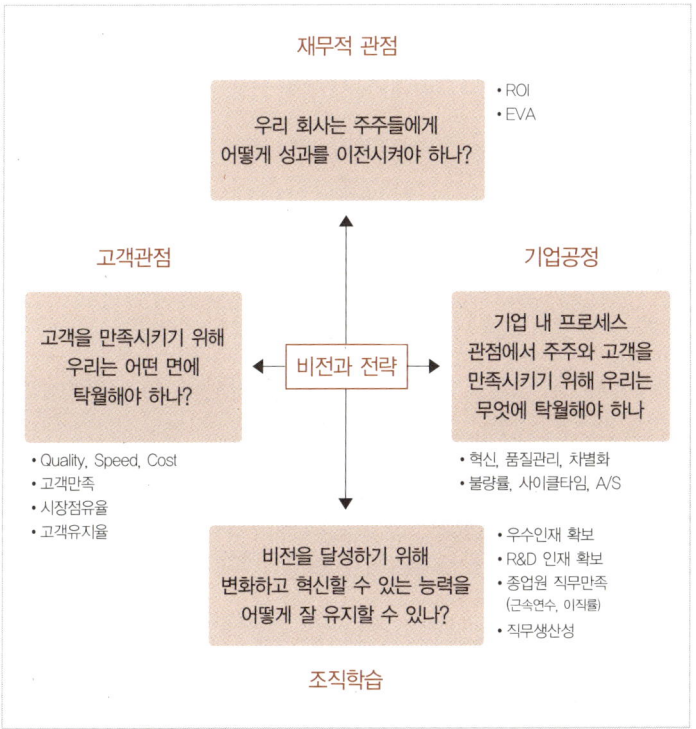

* Kaplan&Norton, 〈Using the Balanced Scorecard as Strategic Management System〉, Harvard Business Review(1996)에서 발췌·변형

든 것이겠죠. 어쩌면 더 나은 성과평가법을 만들겠다는 비전을 공유한 것일 수도 있고요."

"한대표, 아주 멋진 말을 하는구먼. 맞아, 학문과 실무가 이루어낸 멋진 시너지지. 그 말대로 이 BSC라는 도구는 절대로 혼자서 이룩할 수 없는 일들이라네. 기업이 오랫동안 수익성 높은 성장을 하려면 물론 시장에서 제품이나 서비스로 높은 이익을 얻어야겠지만, 그게 공짜로 되는 건가? 제품과 서비스가 고객의 기대를 능가해야 하는 것이지. 그러려면 기업의 구성원들 업무프로세스가 효율적으로 돌아가야겠지. 그런데 어디 열정 없는 직원들이 그런 걱정을 하겠나. 열정이 없는 직원들은, 음~, 그 뭐라더라, 요샛말로 그래 '월도(月盜)', 월급도둑이라고 하던가. 뭐, 그런 사람들 아니겠나. 당연히 의욕이 넘치고, 자신이 하는 일에 만족하고, 더 열심히 노력하는 사람들이 있어야 기업이 성장할 수 있는 기운을 얻는 것이겠지. 이렇게 균형 있는 발전을 할 수 있게 전체적인 것을 고려해서 평가하자는 게 바로 균형성과표라네. 무슨 도덕 교과서에 나오는 말 같지? 그렇지만 아주 멋진 성과측정도구라네."

"BSC를 도입한 여러 기업의 예를 보기는 했는데, 회사와 직원, 그리고 고객이 한마음이 되어야 제대로 돌아간다는 사실을 제가 간과하고 있었나봅니다. 이렇게 급변하는 사회에서 기업이 성공하느냐 그렇지 못하느냐가, 경영노하우나 우리의 핵심역량인 서비스정신에 의해 판가름 난다는 사실을 까맣게 잊고 있었습니다. 직원들을 평가한다는 마음에 그저 눈에 보이는 성과만을 좇으며 불안해 한 제 자신이 부끄럽습니다."

"아니, 한대표, 왜 이러나? 자네처럼 고민하는 경영자가 있어야 이런 균형성과표가 효험이 있는 거라네. 자네가 고민을 너무 많이 하는 것 같으니 내가 오늘 자네에게 선물을 하나 하지."

"네? 선물이라니요?"

"하하, 너무 기대는 말게. 어쩌면 실망할 수도 있으니까. 자네가 멋지게 BSC를 운용할 수 있는 팁이 내 선물이니까 말이네."

"교수님도, 참…."

"일단 아무리 좋은 약이라도 맞지 않는 사람이 있다는 것을 알아야 하네. 대단한 비전과 전략이 있으면 뭐하겠나, 모든 사람이 다 다르게 받아들이면 그뿐인걸. 특히 요즘처럼 다양성이 존중받는 사회라면 한 가지 공통적인 생각을 갖는 것이 쉬운 일인 줄 아나? 절대 아닐세. 쉬운 일이 아니니까 BSC이론이 나온 지 꽤 되었어도 여전히 성공하는 기업사례를 우리가 공부하는 것 아니겠나. 그 정도로 BSC라는 녀석을 휘두르기엔 아직 우리 힘이 약하다네. 다만 몇 가지 지름길이 있기는 하지. 전략(비전)목표와 연계된 평가지표가 있어야 하네. 기업의 비전과 목표를 모두가 공유하고 받아들여야 하고, 또 그 안에서 평가가 이루어져야 직원들이 마음놓고 직장을 사랑할 수 있는 것 아니겠나. 그리고 그 지표들은 구체적으로 보여줄 수 있어야 해. 만약 자네가 항공사를 운영한다면 정시이착륙률이나 수하물분실률 혹은 사고율 같은 눈에 보이는 지표들이 있어야 한다네. 우리도 달리기 할 때 '여기까지' 하는 지침을 세우지 않나. 마지막으로 중요한 한 가지가 바로 이 모든 것들이 보상과 연계되어야 한다는 걸세. 내가 원하는 목표에 도달하기 위해 더 많은 노력을 쏟았다면, 그에게 상응하는 상을 주는 것은 당연한 것 아닌가. 그래야 더 열심히 할 수 있는 마음속의 유인을 끌어낼 수 있기도 하고 말야. 자네가 지금 고민하는 것처럼."

찻잔을 앞에 둔 유교수의 모습이 갑자기 더 크게 보이는 한대표다. 테이블 위의 국화차는 차갑게 식어 있었지만, 그의 가슴은 열정으로 뜨거워지는 것을 느끼며 고개를 끄덕였다.